- 青瞳文旅科普系列丛书
- 澳门基金会"澳门研究"课题项目资助

购物旅游者消费行为研究
基于霍华德-谢思消费行为理论

GOUWU LÜYOUZHE XIAOFEI XINGWEI YANJIU
JIYU HUOHUADE-XIESI XIAOFEI XINGWEI LILUN

郭晓康 李 东◇著

华中科技大学出版社
http://press.hust.edu.cn
中国·武汉

图书在版编目(CIP)数据

购物旅游者消费行为研究:基于霍华德-谢思消费行为理论/郭晓康,李东著.—武汉:华中科技大学出版社,2023.12
ISBN 978-7-5772-0335-5

Ⅰ.①购⋯ Ⅱ.①郭⋯ ②李⋯ Ⅲ.①消费者行为论-研究 Ⅳ.①F036.3

中国国家版本馆 CIP 数据核字(2023)第 246230 号

购物旅游者消费行为研究:基于霍华德-谢思消费行为理论

Gouwu Lüyouzhe Xiaofei Xingwei Yanjiu:
Jiyu Huohuade-Xiesi Xiaofei Xingwei Lilun

郭晓康 李 东 著

策划编辑:	项 薇 胡弘扬
责任编辑:	胡弘扬 项 薇
封面设计:	原色设计
责任校对:	谢 源
责任监印:	周治超

出版发行:华中科技大学出版社(中国·武汉) 电话:(027)81321913
 武汉市东湖新技术开发区华工科技园 邮编:430223

录 排:华中科技大学惠友文印中心
印 刷:武汉科源印刷设计有限公司
开 本:710mm×1000mm 1/16
印 张:11.75
字 数:215 千字
版 次:2023 年 12 月第 1 版第 1 次印刷
定 价:79.80 元

本书若有印装质量问题,请向出版社营销中心调换
全国免费服务热线:400-6679-118 竭诚为您服务
版权所有 侵权必究

序一

近日收到晓康博士和李东先生研究撰写完成的《购物旅游者消费行为研究：基于霍华德-谢思消费行为理论》书稿，仔细研读梳理后，笔者对本书中关于购物旅游者消费行为的理论观点、研究脉络和实践探索，深表认同和欣赏。

购物旅游是近年来在境内外均受到关注的旅游现象和业态。2023年7月，《关于恢复和扩大消费的措施》（国办函〔2023〕70号）发布，明确提出，要鼓励各地加大对商品展销会、购物节、特色市集等活动的政策支持力度，进一步扩大消费。在后疫情时代，各大城市均推出购物优惠券或举办购物嘉年华等系列促消费的措施和活动，粤港澳大湾区的"跨城购物旅游消费"人气高涨，尤其是香港和澳门，作为世界著名的"购物天堂"，其借助免税或较低税率的宽松政策，吸引越来越多的国内外游客到此购物消费，打造更上一层楼的国际购物大都会名片。

在网购、直播带货等新兴业态的冲击下，线下的购物旅游产业非但没有被击垮，反而通过资源整合及品牌重塑，重新焕发了生机和活力，展现了强劲的韧性。根据消费市场大数据实验室（上海）监测，2023国际消费季暨第四届上海"五五购物节"启动首月，线下消费日均近80亿元，较2022年购物节同期增长33.6%，有力带动了人气回升和市场提振，下半年上海还将陆续举办金秋购物旅游季、拥抱进博首发季和跨年迎新购物季等购物旅游节事活动。iiMedia Research数据也显示，2023年中国居民夜间时段参与的主要业态为线上线下购物、餐饮宵夜和休闲娱乐，参与指数分别为4.13、3.93、3.90，其中购物消费位居第一位。

另外，根据某机构提供的全国购物中心客流数据，购物中心的消费主力是20—40岁的年轻人，尤其是女性，一个典型的消费者月均光顾购物中心2.9次，单次光顾3.9家店，店内停留时长约18分钟；同时，在消费者心中，购物中心正进一步向社交场所转化。这些充分说明随着时代的不断发展，购物旅游消费行为正悄然发生着改变。

所以，我非常高兴看到晓康博士和李东先生立足于澳门这个独特的区域空间，以学术界较为成熟的霍华德-谢思消费行为理论为研究基础，将购物旅游者的消费行为动态地呈现在读者面前。相信这本著作的出版将有助于读者更为全面地了解购物旅游的内涵、外延、影响因素及应对策略，这也是对购物旅游研究成果的重要补充，将对后来者有所启发。

是为序。

丁虹洁
雅仕维传媒集团副总裁
2023年8月于香港

序二

欣闻郭晓康博士的研究成果即将结集出版，作为导师的我不禁为其取得的丰硕成果感到由衷的高兴。

晓康在攻读博士学位期间，就表现出了强大的抗压能力和学习进取精神。他在兼顾实践探索和学习研究的同时，十分勤勉，热衷聚焦和持续关注旅游业界热点问题。经过与我和同门同学及行业专家李东先生的多次商讨和交流，最终晓康博士将旅游者的购物行为作为其专业研究的主攻方向。

购物是旅游者较为基础的行为之一，因此，其也成为国内外不少学者研究的重点话题。然而，现有研究大多侧重于微观视角，从购物体验、环境刺激、商品属性等方面开展研究，而从中观和宏观层面开展的研究相对有限，以跨越不同视角层面开展的研究则更为缺乏。上述研究视角的不足导致了旅游购物行为研究难免存在局限性和片面性，难以全面地揭示旅游购物的本质和规律。

郭晓康博士在澳门学习和研究期间，密切关注澳门旅游产业发展特色和趋势，尤其是其以较高的学术敏锐度，发现了以澳门新八佰伴购物旅游节（澳门新八佰伴 VIP days）为代表的年度购物盛事的学术研究价值。他以此为契机，与李东先生合作，经过一年多的观察和访谈，开展了一项系统而深入的旅游购物行为实证研究，并将其成果汇集成专著。

本专著的主要特点和贡献如下。

本专著在研究旅游者购物行为时，融入了宏观、中观和微观的尺度，选择了更为全面的视角，同时采取了量化与质性相结合的研究方法，将不同视角和不同方法融入本研究，体现了一定的深度和广度。这种跨层次、跨方法的研究策略不仅能够提高研究的可信度和效度，还能够丰富和拓展旅游购物行为研究的理论视野与实证范式。

本专著创新性地依托霍华德-谢思消费行为理论，从目的地、企业、商品等角度建构了一个解释旅游者购物行为的综合模型。该模型不仅能够解释旅游者在不同情境下的购物动机、偏好和决策，还能够分析旅游者购物行为对目的地、企业、商品的影响和反馈。该模型具有较强的逻辑性和实用性，为我们更加系统地理解游客的购物行为提供了理论参考。

本专著以澳门新八佰伴购物旅游节为案例，运用多种方法收集并分析了大量的实证数据，验证了本专著提出的综合模型的有效性和适用性。本专著的实证研究不仅揭示了澳门新八佰伴购物旅游节背后的旅游购物行为机制，还展现了澳门新八佰伴购物旅游节对澳门旅游产业发展和转型的积极作用。本专著的实证研究也为管理者更为深入理解游客来澳门参与购物旅游节的动力机制提供了有益的启示和建议。

鉴于上述研究成果在理论和实践中的价值与意义，澳门基金会还特别向该研究项目颁发了"澳门研究"奖学金，这一殊荣的获得，也体现了澳门特区政府相关部门对郭晓康博士学术水平和努力付出的肯定与鼓励。

我非常荣幸能够为本专著写序，并向郭晓康博士及专著合著者李东先生表示衷心的祝贺。我相信本专著将会引起广大读者的关注与兴趣，并为旅游目的地如何策划设计与不断提升旅游购物体验带来新的启示。

李玺
澳门城市大学国际旅游与管理学院
执行副院长、教授、博士生导师
2023 年 9 月于澳门

前言

自二十世纪八九十年代，国内学者正式提出"吃、住、行、游、购、娱"现代旅游"六要素"以来，购物消费作为旅游者的一项重要活动，已然成为旅游学界的一个研究热点。

旅游者购买到称心如意的商品，可使旅游活动锦上添花，能够提高旅游体验的质量，提升旅游目的地形象。购物旅游消费是旅游开支的一个重要部分，是旅游经济构成的重要环节，越来越受到地方政府旅游部门的重视。

本书以霍华德-谢思的研究所归纳的消费行为理论为基础，探讨影响购物旅游动机和感知价值的相关因素，以及与行为意向之间的关系，创新性地将目的地形象、目的地信任、企业品牌认同、感知促销利益、购物旅游动机、购物旅游感知价值、行为意向结合成一个有机整体进行研究，建立关于购物旅游者消费行为的一个探索模型，试图对研究方法进行变革和创新。

本书采用问卷调查法进行研究，以参加澳门新八佰伴购物旅游节的游客为研究和调查对象。对文献回顾梳理后，开展访谈和专家审阅，初步编制预调研的量表问卷，通过信效度分析对测试量表校验。在正式问卷测量分析环节，主要运用社会统计软件（SPSS 23.0、AMOS 24.0），对 450 份有效问卷进行描述性分析、相关分析、信效度分析、探索性因素分析（EFA）、验证性因子分析（CFA）以及 SEM 分析。

本书的研究结果显示：新修订开发的量表均具有区别效度、良好的收敛效度及建构信度，结构方程的拟合度良好。整体而言，目的地形象、目的地信任、企业品牌认同、感知促销利益对购物旅游动机和购物旅游感知价值产生显著正向影响。购物旅游动机对购物旅游感知价值和行为意向产生显著正向影响。购物旅游感知价值亦对行为意向产生显著正向影响。

本书论证了购物旅游动机和购物旅游感知价值的影响因素，整体模型为提升改善目的地形象、企业品牌认同、感知促销利益，以及强化购物旅游动机、购物旅游感知价值、重购及推荐的行为意向提供了理论基础。本书的研究结果同时为地方政府和企业在如何打造宣传城市与企业形象，创建高质量品牌，科学营销等领域施政和制定企业发展战略提供了有价值的参考。有关研究量表、研究工具以及探讨结论，有助于该领域感兴趣的学者进行更加深入的研究。

作　者

目 录
CONTENTS

1 绪 论

1.1 研究环境和背景　　2
1.2 研究目的和研究意义　　6
1.3 研究内容　　8
1.4 研究流程与方法　　9
1.5 本章小结　　11

2 文献综述

2.1 本研究的理论基础　　14
2.2 目的地形象文献回顾　　28
2.3 目的地信任文献回顾　　32
2.4 企业品牌认同文献回顾　　35
2.5 感知促销利益文献回顾　　37
2.6 购物旅游动机文献回顾　　39
2.7 购物旅游感知价值文献回顾　　47
2.8 行为意向文献回顾　　52
2.9 本研究各变量之间的关系　　55
2.10 研究模型与假设　　59
2.11 本章小结　　61

3 定性访谈研究

3.1 访谈对象　　64
3.2 访谈提纲　　64

3.3 访谈过程	65
3.4 数据收集与编码分析	66
3.5 分析结果	75

4 研究设计

4.1 量表设计	78
4.2 样本及抽样	87
4.3 量表预测试	89
4.4 分析方法	91
4.5 本章小结	92

5 研究结果分析与讨论

5.1 样本描述性分析	94
5.2 探索性分析(EFA)	96
5.3 信度检验分析	103
5.4 本研究各构面验证性因素分析	109
5.5 SEM分析与假设检验	126

6 结论与启示

6.1 研究结论与讨论	134
6.2 研究贡献与启示	139
6.3 研究存在的问题及未来研究方向	145
参考文献	147
附录	155
后记	175

Chapter 1

1 绪论

1.1 研究环境和背景

1.1.1 研究环境:国内外购物旅游方兴未艾

随着居民收入的提升,越来越多的国家(地区)成为人们的旅游目的地,人们正在走出去,到世界各地观光休闲。WTO 有关报告指出,我国出境游客的消费力非常高,2018 年已达到 2700 多亿美元,是排名第二的美国(1444 亿美元)的近2 倍,中国游客在国外的全年消费增长 5.2%,继续保持第一大国际旅游消费国地位。有关机构统计报告指出,在 2019 年,我国公民出境旅游人数突破 1.55 亿人次,同比增长 3.3%,创历史新高。消费水平快速提高,购物起到了关键性推动作用。某国外知名研究机构的报告显示,在 2018 年,来自中国的游客贡献了几乎当年全球奢侈品消费总量的 33%,增速达到 11%。奢侈品购买地首选巴黎,其次是纽约、香港、莫斯科、迪拜、澳门。

中国澳门,被人们称为"东方拉斯维加斯",中国内地游客非常喜欢到澳门旅游消费。据澳门特区政府旅游局统计,2019 年来自中国内地的旅客达到 2792万人次,同比增长 10.5%,内地旅客在澳门人均消费达 1834 澳门元。2019 年全年赴澳门旅客总消费(不包括博彩消费)达 640 亿澳门元。按旅客消费类别分析,旅客消费有 47.1%用于购物,其次为住宿(25.6%)、餐饮(20.0%)(见图 1-1)。旅客在购买的商品中,化妆品及香水(占 30.6%)、成衣(占 13.4%)和珠宝手表(占 11.3%)的消费分别增长 21.9%、13.3%及 15.9%,而手信食品(占 27.1%)、手袋及鞋类(占 9.1%)的消费则分别减少 1.5%、8.1%(见图 1-2)。

随着时代的发展,内地游客来港澳特区购物旅游,经历了很大的发展变化,购物的选择越来越多样化、时代化。一直以来,内地游客乐于从澳门市场购买钟表、珠宝首饰、化妆品和数码产品。人民币升值增强了购买力,也直接促使内地游客前往澳门扫货。

受疫情影响,全球旅游业遭受了重大打击。据澳门特区政府旅游局统计,2020 年,澳门入境旅客总人数近 590 万人次,总旅客消费为 51.5 亿美元;2021年 1—4 月,澳门入境旅客总人数近 253 万人次,总旅客消费为 40 亿美元,可见

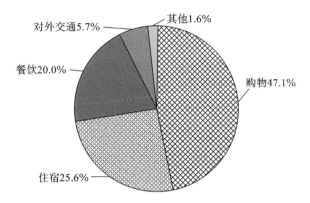

图 1-1 2019 年赴澳门旅客消费结构

数据来源:澳门特别行政区统计暨普查局(不包括博彩消费,对外交通不包括机票费用)。

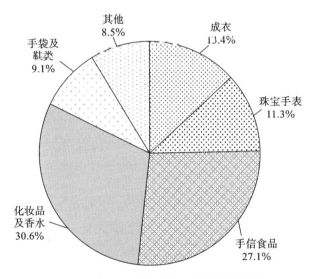

图 1-2 2019 年赴澳门旅客购物消费结构

数据来源:澳门特别行政区统计暨普查局。

澳门旅游产业正在稳步恢复。在后疫情时代,中国澳门已经成为中国内地游客的主要出境旅游目的地。

目前,澳门正全力打造世界旅游休闲中心,经济适度多元化,大力发展购物旅游产业,成为澳门各界的共识。当前,内地海关对于游客入境时所带物品,在数量、种类和价值上有严格的限制,分别设置了 5000 元和 8000 元等不同的标准。内地的海关税收政策对澳门购物旅游消费市场影响很大,同时周边地区和城市也在大力发展购物旅游产业,澳门面临着前所未有的竞争态势和压力。另外,在澳门,购物旅游行业呈现蓬勃发展之势,但是由于各种各样的原因,该行业也面临多种问题,比如:严重依赖博彩客源,单纯的购物旅游消费者偏少;购物旅游消费额度偏低;部分游客反映购物旅游体验较差等。面对购物旅游迅猛发展的现状,以及不断涌现的各种行业问题,有必要对澳门的购物旅游者消费行为进行学术理论层面的研究探讨,以服务于购物旅游业的现实发展需求。

世界各大著名旅游城市每年都举办形式多样的购物旅游节吸引游客,包括:中东地区的迪拜购物节(Dubai Shopping Festival,DSF)、伊斯坦布尔购物节(Istanbul Shopping Festival, ISF);欧洲的戛纳购物节(Cannes Shopping Festival,CSF);东亚地区的香港冬季购物节(Hong Kong Mega Showcase)、新加坡购物节(Great Singapore Sale,GSS)、韩国购物季(Korea Grand Sale)、上海购物节(Shanghai Shopping Festival),以及本研究探讨的澳门新八佰伴购物节(Macau New Yaohan VIP Days)。以购物旅游节为代表的新兴消费方式,正引领着各地区和城市的零售业恢复生机与活力,实现变革转型,应对诸如"双十一"等网络购物节的挑战,实现双赢、多赢(见表1-1)。

表1-1 香港零售业总销货额(2005—2020年)

年份	零售业销货价值(HK $ million)
2005	204372
2006	219002
2007	247000
2008	273126
2009	274742
2010	324966
2011	405732
2012	445498
2013	494451
2014	493236
2015	475156
2016	436623
2017	446136
2018	485169
2019	431160

续表

年份	零售业销货价值(HK$ million)
2020	326451

资料来源:香港特别行政区政府统计处。

迪拜购物节(Dubai Shopping Festival,DSF)创办于1996年,已有20多年的历史,是颇具影响力的全球性购物节之一,规模和受欢迎程度非常高。DSF每年年底开幕,持续1个月时间,不仅具有顶级的购物环境,同时还汇聚了中东的传统集市、文化活动及演出,打折促销活动更是眼花缭乱。DSF成就了迪拜"世界购物天堂"的美誉,是迪拜商品零售业的重要节庆活动和收入来源。在这些收入中,将有很大一部分通过零售业创造。

上海购物节(Shanghai Shopping Festival,SSF),自2007年举办首届以来,逐渐成为上海市重要的消费节日,成为体现城市商业发展成就的盛大展销平台。SSF的各项数据表现非常好,有关统计部门报告指出,2019年SSF共有近190亿元人民币的营收,消费质量也有很大的提高,各类高档消费品受到游客的追捧。

1.1.2 理论背景:购物旅游消费行为研究视角有待创新

大量的实践和研究都表明,购物旅游消费行为非常复杂,涉及消费者自身、商家营销、政府等多方面因素。经过多年积累,购物旅游消费行为理论研究工作取得了一定成绩。通过对中外文有关文献进行梳理,笔者发现购物旅游消费行为研究主要集中在两大领域。

一部分研究人员探讨了跨境购物旅游活动(Busch,2010;Bojanic,2011;Cai,2001;Heung and Cheng,2000;Michalko and Varadi,2002;Michalko and Varadi,2004;Michalko and Ratz,2006;Saayman and Saayman,2012;Tosun等,2007;Wei and Tin,2019),研究的焦点集中在消费支出、边境贸易消费政策、签证政策、购物频次、可持续购物旅游发展等方面。

另外一部分学者的关注点集中于购物旅游满意度(Chang,2006;Heung and Cheng,2000;Tosun等,2007;黄鹂等,2009;徐佳等,2015)、购物动机(Peter and Anandkumar,2012;Walker and Mesnard,2012;Manoj,2017;王彩妮和陈晓娜,2016)、购物旅游感知价值(Byung and Hyojin,2016;Hülya等,2015;Miju等,2017;胡华,2009;刘力等,2010)等消费者行为方面,研究者主要在文献归纳中寻找变量间关系,仅有少量研究者使用"S-O-R"模式、推拉理论和公平理论等。

综上,学者对购物旅游消费行为的研究范围广泛,也取得了一定的研究成果,但尚未形成统一的购物旅游消费行为研究范式。因此,面对理论研究较为滞后的局面,有必要开展购物旅游消费行为方面的有关专门深入的研究,寻找新的研究视角和研究方法,逐步形成购物旅游消费行为的研究范式。

从本质上看,购物旅游是一种特殊的旅游形式,也是一种常规的消费行为,同样要经历消费行为的各个阶段,如购买动机、购买决策、感知价值和行为意向等,而尤以购买决策行为最为重要和最具研究价值,对购买动机和感知价值的深入研究,可以使消费者形成良好的消费观念,同时为商家和政府提供高效的管理建议。因此,在购物旅游节迅猛发展的背景下,回归传统的经典消费决策行为理论,以霍华德-谢思模型为理论基础,结合实证文献分析,从行为关系视角,探究购物旅游动机、感知价值和行为意向之间的相互关系,在实践运用和理论创新方面具有重大意义。

1.2 研究目的和研究意义

1.2.1 研究目的

针对澳门购物旅游行业面临的诸多问题,本研究探讨影响购物旅游动机和感知价值的相关因素,以及与行为意向之间的关系,从而提升澳门购物旅游行业的创造力,试图为澳门特别行政区政府持续扶持购物旅游行业提供可行方案,为澳门购物旅游行业参与者和购物旅游消费者提供管理和实践建议。

同时,现阶段国内外学者对购物旅游消费行为的研究较为薄弱,存在理论运用不够准确清晰,研究内容不够全面等诸多问题,尚未形成购物旅游消费行为的研究范式。本研究以霍华德-谢思模型所归纳的消费行为理论为基础,再结合实证文献分析结果,提出影响购物旅游动机和感知价值的四个潜在变量因素:目的地形象、目的地信任、企业品牌认同和感知促销利益,以此提出购物旅游消费行为模型。本研究期望透过基于霍华德-谢思模型的购物旅游消费行为理论模型,以理解购物旅游消费者的购物旅游动机和感知价值状态,并探讨与行为意向的关系,创新性地将目的地形象、目的地信任、企业品牌认同、感知促销利益、购物旅游动机、购物旅游感知价值、行为意向融合成一个有机整体进行研究,有助于业界和学术界在研究和预测购物旅游消费者行为时,能有更好的辅助工具,且作出更合适的策略与回应。故本研究提出如下研究目的。

(1)基于霍华德-谢思模型(Howard-Sheth Model),提出购物旅游消费行为理论模型。

(2)了解购物旅游消费者对于目的地形象、目的地信任、企业品牌认同、感知促销利益、购物旅游动机、购物旅游感知价值和行为意向七个变量间的真实态度。

(3)实证分析目的地形象、目的地信任、企业品牌认同、感知促销利益、购物旅游动机、购物旅游感知价值和行为意向七个变量间的关系,拓展购物旅游消费行为理论基础。

(4)基于实证数据检验结果,验证变量之间的关系,提出改善澳门购物环境的管理建议,提升澳门购物旅游行业的竞争力,为游客创造更加和谐的购物氛围。

1.2.2　学术及理论意义

先前研究者的学术文献对目的地形象、目的地信任、企业品牌认同、感知促销利益、购物旅游动机、购物旅游感知价值和行为意向主要开展一对一的单因素研究,几乎没有进行过联合研究。此外,在购物旅游满意度等行为意向的研究方面,对购物旅游动机等决策行为方面的研究并没有引起足够的重视,或者仅有的少量动机类研究,使用的学术理论也不够规范。因此,需要以成熟的霍华德-谢思消费行为理论为基础,将购物旅游动机的影响因素作为一个单独的课题来研究,并对动机、感知价值和行为意向之间的相互关系进行探讨,这将是对购物旅游消费行为研究的补充。本研究在探讨游客购物旅游动机时,将会集中分析霍华德-谢思模型中的投入变量和产出变量,因此,购物旅游动机的具体途径因素和购物旅游消费行为理论的适当延展,是本研究的主要任务和意义。

本研究在理论和学术上的贡献,主要体现在以下几点。前人的研究,更多地关注购物行为的结果,如满意度等。本研究则认为,从购物旅游行为出发,结合有关的内容,挖掘购物行为的前因后果,融合目的地形象、目的地信任、企业品牌认同、感知促销利益、购物旅游动机、购物旅游感知价值和行为意向七个变量产生理论模型,再运用定性和定量分析技术,论证目的地形象、目的地信任、企业品牌认同、感知促销利益各个变量对购物旅游动机和感知价值的影响,以及与行为意向之间的相互关系。本研究意在通过新的视角,探讨购物旅游决策行为的影响因素,以及有关因素之间的深层次关系,对有关理论作出一点贡献,以启迪后续研究者。

另外,本研究以理论推导和实证研究相结合的方法,探讨在霍华德-谢思消费行为理论的框架下,目的地形象、目的地信任、企业品牌认同、感知促销利益、购物旅游动机、购物旅游感知价值和行为意向之间的关系,为有关机构发挥自身市场营销体系的作用提供学术化建议。

1.2.3 现实意义

本研究通过全面分析在霍华德-谢思消费行为理论的框架下,哪些因素影响购物旅游动机和感知价值,以及与行为意向之间的关系,并以此发掘提升企业和目的地政府宣传营销效果的方式方法,促进游客养成健康的购物旅游消费观念,增加推荐意向和重构决策的行为意向,具有较强的应用价值和现实意义。

面对竞争,企业需要变革营销方式,提升企业形象。而提升营销效果的方法之一就是充分探讨分析消费者的购物旅游决策行为,了解影响购物旅游动机和感知价值的因素,从而更好地提供营销服务,使企业能够提升自己的竞争能力。企业营销的主要任务就在于设计良好的营销服务框架,能够触发消费者购物旅游动机,提升游客的购物旅游感知价值,改进行为意向。商家也可以增加客流量和营业额。游客的购物旅游感知价值也可以获得提升,从而改进行为意向和购物体验。所以,如何提升营销服务,触发购物旅游动机,让游客的购物旅游感知价值得到提升,增加重购意愿等,成为企业和目的地政府面临的重要问题。因此,对购物旅游消费行为进行研究,对于企业在激烈的市场竞争中的生存发展,和消费者建立长期稳定的客户关系,提升企业竞争力,有着重大的现实意义。

1.3 研究内容

本项研究的出发点在于澳门新八佰伴购物旅游节引起的购物狂欢独特现象,由此对影响消费者的购物旅游动机产生思考,并对购物旅游动机、感知价值和行为意向之间的相互关系产生研究兴趣,在研究中将会设定研究重点,以案例研究的方法进行,在澳门新八佰伴购物旅游节的背景下,选取符合条件的游客为对象进行研究,在基于霍华德-谢思消费行为理论基础上,对购物旅游动机、感知价值和行为意向进行深入细致的分析。从行为关系的角度入手,深入研究引起购物旅游动机的变量因素。动机与感知价值、感知价值与行为意向之间的关系,最终为企业、目的地政府和游客(即消费者)提供有价值的管理和消费建议。

主要研究内容如下。

(1)在霍华德-谢思消费行为理论框架下,影响购物旅游动机和感知价值的相关变量因素。

(2)购物旅游动机与感知价值之间的相互关系。

(3)购物旅游动机、感知价值与行为意向之间的相互关系。

1.4 研究流程与方法

1.4.1 研究流程

在前期大量的文献阅读与资料整理的基础上,依据霍华德-谢思消费行为理论,针对案例的实际情况,在参考已有研究成果的基础上构建出包含购物旅游动机、感知价值和行为意向在内的购物旅游消费行为模型。

量表开发设计以文献分析等定性研究方法为主,以李克特量表作为评估标准,针对目标群体进行实地访谈与调研。问卷的发放采用抽样调查的形式,在符合研究条件的游客中进行判断抽样,研究澳门新八佰伴购物旅游节背景下消费者购物旅游动机、感知价值和行为意向之间的关系,构建模型并进行定量研究。

调查的结果运用 SPSS 23.0、AMOS 24.0 等软件分析研究。最后针对实证研究的结果提出建设性的建议与策略。对影响消费者购物旅游动机和感知价值的变量因素进行批判性分析,呼吁消费者养成正确的消费观念。对消费者的购物旅游动机、感知价值和行为意向之间的相互关系,提出建设性管理意见,以利于企业提高服务质量,地方政府注重行政效率和形象,从而改善购物游客行为意向,为购物旅游消费行为提供新的研究视角和路径。具体研究流程如图 1-3 所示。

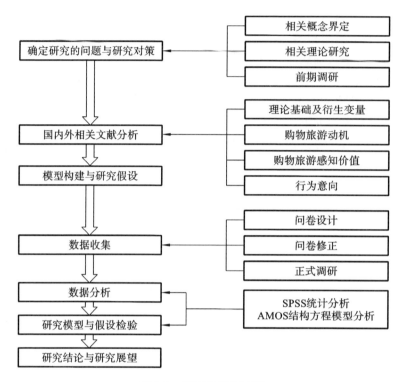

图 1-3 研究路线和流程

1.4.2 研究方法

1) 定性研究

第一,阅读国内外文献,涉及内容包括消费行为理论、目的地形象、目的地信任、企业品牌认同、感知促销利益、购物旅游动机、购物旅游感知价值和行为意向等多个方面,对现有文献进行纵向和横向比较,探讨如何使用学术界最新的研究方法,在理论方面形成较好的研究基础。

第二,通过对 20 位选定目标的深度访谈与调研,勾勒出被试者对购物旅游节的直观印象图。对访谈资料进行深度分析,提炼出对研究有实际作用的问题和方案,使得研究更加全面和深入。

2) 定量研究

在定性研究的基础上,开发出适合本研究的量表,在澳门新八佰伴购物商城进行正式有效的问卷发放和调研,以此调查购物旅游者有关消费行为的真实态度。

运用 SPSS 23.0、AMOS 24.0 等软件实现对问卷数据的录入和分析,在霍华德-谢思消费行为理论基础上,对调查问卷的结果进行定量分析,确定影响购物旅游动机和感知价值的变量因素,以及和行为意向的关系,并分析出关键信息。探讨游客在购物旅游节的环境中,购物旅游动机和感知价值的影响因素,并且找寻改善和提高消费者感知价值和行为意向的方法。

1.5 本章小结

本章聚焦于研究环境和背景、研究目的和研究意义、研究内容、研究流程与方法,明确以霍华德-谢思消费行为模型为基础理论,研究影响购物旅游动机和感知价值的变量因素,以及与行为意向之间的相互关系。

Chapter 2

2 文献综述

2.1 本研究的理论基础

2.1.1 消费者决策行为理论演变及研究回顾

消费决策行为研究,起步较早,从20世纪中叶开始,产生了众多理论流派,呈现百花齐放的态势。

1)S-O-R模型

著名学者Thomas(托马斯)是S-O-R模型研究的先驱,最初用来探寻内部本质对其个人行为和心理状态的作用。托马斯觉得是刺激造成人们的消费者行为,这类刺激性源于人们的内部和外部因素,这样可以造成选择主观购物欲望,从而期望开展购物,并且呈现出购物后的信息反应。托马斯指出,消费者要形成消费决策,必须经历以上这些程序和路径。

S-O-R模型(见图2-1)是消费决策行为研究领域出现较早的理论成果之一,被国内外学者广泛应用于顾客(游客)心理分析、市场营销分析等领域,取得了较多的研究成果。

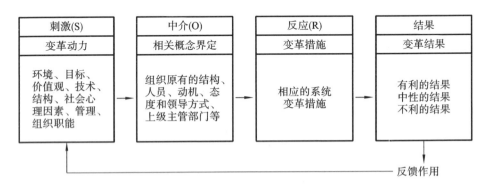

图 2-1　S-O-R 模型

资料来源:根据S-O-R模型相关文献整理。

2)Nicosia模型

《顾客消费决策过程》(1960年)一书中,Nicosia(尼科西亚)明确表达存在尼科西亚决策模型。Nicosia 模型显示,消费者的购买决策包括明确其消费心态、信息搜索和调查、主观喜好、管理决策及产生消费行为,相关模型如图 2-2 所示。

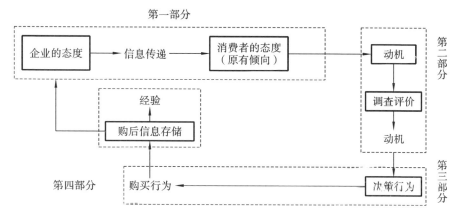

图 2-2　Nicosia 模型

资料来源:根据 Nicosia 模型相关文献整理。

3)EKB 模型

EKB 模型由恩格尔(Engel)、科特拉(Kollat)和布莱克维尔(Blackwell)三人提出,该模型整体框架如图 2-3 所示。EKB 模型指出,信息进入我们自己的神经系统,需要经过各种看得见的和看不见的因素影响,包括若干环节,如信息处理、研究评估选择等,从而影响决策的产生。

4)霍华德-谢思模型(Howard-Sheth Model)

20 世纪 60 年代,Howard 和 Sheth 提出了霍华德-谢思消费者行为模型(见图 2-4)。这一模型指出投入刺激和外在因素容易引起人们的消费欲望,使人们形成消费动机,对那些琳琅满目的商品产生判断,这就是顾客的消费内在心理决策过程,在这个基础上,最终形成产品购买决策。

霍华德-谢思模型从消费者的刺激着手,寻找内在和外在的刺激源,产生消费动机这一重要的心理变化过程,进而完成购买消费行为,这是一个完美的消费行为闭环理论。本研究以霍华德和谢思两位学者创造的理论模型为基础,计划在该模型基础上提出适合本研究实际的修订模型,后续章节将会详细论述该模型的特点、优势和科学性。

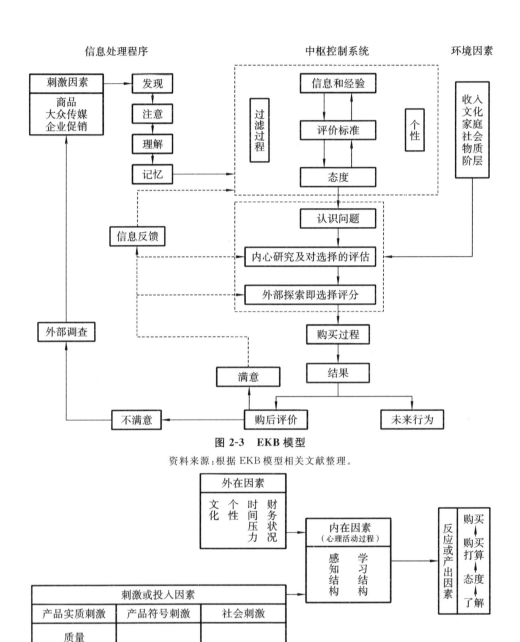

图 2-3 EKB 模型

资料来源：根据 EKB 模型相关文献整理。

图 2-4 霍华德-谢思模型

资料来源：根据霍华德-谢思模型相关文献整理。

2.1.2 购物旅游消费行为研究回顾

1）购物旅游的概念

尽管购物活动对旅游目的地非常重要,但学术界对购物旅游(Shopping Tourism)的研究却相对较少(Rabbiosi,2011;Saayman and Saayman,2012;Tomori,2010)。因此,购物旅游的定义仍然较为宽泛而不明确(见表2-1)。购物是为了满足购买欲望而到不同的地方购买商品和享受服务的活动。Timothy and Butler(1995)将购物旅游定义为以购买产品为主要目的的一种旅游。Michalko and Varadi(2004)也考虑了对专门旅游的类似定义。在对购物旅游者的行为研究中,Michalko(2004)定义了被归类为购物旅游者的必要条件,也就是说,用于购物的金额应该超过净旅游费用的50%,且不包括住宿和交通费用,购物游客的这个定义提供了一个具体的数字,但是Michalko没有对这个数字提供一个合乎逻辑的解释。

表2-1 购物旅游的相关概念界定

来源	概念
Timothy and Butler（1995）	以旅游产品采购为主要目的。
肖玲（2002）	购物旅游是一种特殊的旅游活动,购物是主要目的,是旅游购物的另外一种形式。
Yu and Littrell（2003）	旅游目的地购买产品的旅游附带活动。
Yu and Littrell（2003）	购物旅游占旅行费用的50%以上,不包括住宿费和交通费。
Michalko and Varadi（2004）	以产品采购为主要目的旅游。
Timothy（2005）,Michalko and Ratz（2006）,Tosun 等（2007）,Liu and Wang（2010）,Saayman（2012）,Tomori（2010）,Rabbiosi（2011）	购物是旅行的主要动机。
杨露（2013）	一种特殊的旅游形式,以购物为主要目的,是旅游的高级形式。
张洪和方文杰（2021）	一种常见的消费行为,满足社会和心理需求。

资料来源:根据相关文献整理。

Jansen(1991)是第一位在旅游研究中使用购物旅游这个关键术语的学者。Jansen-Verbeke关于购物重要性的观点被Timothy(2005)采用,Timothy在旅游研究中首次给出了购物旅游的定义。肖玲(2002)则在中国内地首次提出"购物旅游"定义。Timothy(2005)通过将活动分为购物旅游和旅游购物两类来解释购物与旅游的关系。Timothy(2005)认为,旅游的主要目的是购物旅游中的购物,具体来说购物是旅行的主要动机,或者是打造旅游体验的主要因素。此外,Timothy(2005)将旅游目的地的附带购物活动定义为旅游购物。虽然Timothy的定义与其他学者的定义没有显著差异,但其意义在Timothy明确区分了购物旅游与旅游购物的意义。此外,Timothy(2005)对购物旅游的定义后来被其他研究购物旅游的学者普遍接受,如Michalko and Ratz(2006)、Liu and Wang(2010)、Tomori(2010)、Rabbiosi(2011)、Saayman(2012)。

同时,其他一些学者对购物旅游的含义进行了较为全面的研究。Kent等(1983)认为,在吃饭和观光的过程中发生的每一个活动,包括根据欲望在目的地购买产品,都是购物旅游。同样,Yu and Littrell(2003)认为,购物旅游是游客为了购物或在其他目的地购买商品,并看到、听到、感觉到所购买商品的旅游附带活动。张洪和方文杰(2021)将购物、社会和心理联系起来,认为购物旅游会对当地经济产生重要影响,对目的地形象、吸引力等产生显著影响。由于购物旅游的研究还处于起步阶段,研究成果较少,因此对购物旅游的研究存在多种观点。

综上所述,本研究认为购物旅游属于特种旅游的一种,是指凭借某种优势、借助产品销售市场或主题经贸商街,以购物为关键目的的独特旅游主题活动,具体有两层含义:个人购物旅游行为,以及在此环节中的其他行为。

2)购物旅游的起源

关于购物旅游的起源有两种观点。第一种是,购物在旅游活动中越来越重要(见表2-2)。购物已经成为旅游的一个核心元素,其重要性与住宿、餐饮、交通和观光的重要性相当,而不仅仅是一种伴随的活动。换句话说,随着购物对游客的重要性越来越高,购物已经成为旅游的主要动机(Carmichael and Smith,2004;Heung and Cheng,2000;Hsieh and Chang,2006;Law and Au,2000;Moscardo,2004;Paige and Littrell,2003;Svab,2002;Snepenger等,2003;Timothy,2005;Tosun等,2007;Westwood,2006;Wong and Wan,2013;Wong,2013;Yeung等,2004;Yüksel,2004)。

表 2-2　关于购物旅游起源观点的文献梳理

观点	来源
购物在旅游活动中的重要性日益增加	Carmichael and Smith（2004）；Heung and Cheng（2000）；Hsieh and Chang（2006）；Law and Au（2000）；Moscardo（2004）；Paige and Littrell（2003）；Timothy（2005）；Tosun 等（2007）；Westwood（2006）；Wong and Wan（2013）；Yüksel（2004，2007）；Yeung 等（2004）
起源于跨境购物	Baruca and Zolfagharian（2013）；Lucas（2004）

资料来源：根据相关文献整理。

第二种关于购物旅游起源的观点是在跨境购物中增加旅游基础设施，以这些旅游基础设施为依托的商业活动逐渐发展成为现在的购物旅游。国家间的跨界一直是政治、文化和地理研究的一个长期而重要的课题（Baruca and Zolfagharian，2013）。地理学家认为，跨国界是文化景观的物质元素，是划分权利和主权的界线（Lucas，2004）。从经济学的角度看，跨国界地区，由于相邻地区文化的重叠，使得易货成为可能，自然发展成为商业区。因此，跨境购物（即在自己国家边界之外的邻国购物）增加了利润（Timothy，1995），特别是当一个国家的货币在边界上比另一个国家的货币更强时，富裕地区的人们往往会越过边界去购物（Hardi，2001）。中国内地与香港、澳门三地之间是"一国两制"制度下典型的跨境（界）关系，三地使用不同的货币，实行不同的经济制度，具备典型的跨境（界）购物旅游形成因素，现已发展成规模较大的跨境（界）购物旅游市场。

3）购物旅游消费行为研究现状

购物旅游是一种个体主义的活动，对消费者来说，在日常环境之外购买商品是消费者决定旅行的决定性因素（UNWTO，2014）。随着商业设施的发展，购物中心等购物基础设施的建成，游客能够以合理的价格从各地的商场中购物。此外，包括旅游景点和住宿设施在内的休闲环境促进了节假日购物。

一些研究人员探索了跨境购物旅游消费行为。Heung and Cheng（2000）研究发现，购物是游客前往香港旅游最重要的动机，因为他们大约把 50% 的钱花在购物上。Cai（2001）在对中国出境游客的调查中发现，购物支出占总支出的比例最大。Tosun 等（2007）研究发现，购物被确定为访问土耳其的第三大重要动机因素。Bojanic（2011）研究了年龄和家庭生活经历对美国得克萨斯州和墨西哥边境地区墨西哥游客购物支出的影响，通过在得克萨斯州中南部的三个购物中心采访墨西哥游客，总共获得了 328 个样本。结果表明，年龄和婚姻对旅游购物支出没有影响，而有孩子则影响购物支出。此外，家庭生活经历和结婚并不会改变购物消费模式,但一旦有了孩子,家庭购物模式就会受到影响。与美国和墨西哥的跨境购物状况相反,欧洲的跨境购物很可能根植于其政治背景。Svab(2002)和 Michalko and Varadi(2004)将跨境购物归因于欧洲的某些政治现象。随着社会体制的变革,斯洛文尼亚在 1990 年经历了变革和向资本主义经济体制的转变,但由于巴尔干内战和联合国实施的经济制裁,这一进程被搁置(Svab,2002)。斯洛文尼亚国内经济受到严重影响,使斯洛文尼亚人难以获得日常必需品,这迫使他们去邻国东欧国家购买所需商品。斯洛文尼亚北部与匈牙利接壤,东部与罗马尼亚和保加利亚接壤,南部与马其顿和阿尔巴尼亚接壤,西部与黑山、克罗地亚和波斯尼亚-黑塞哥维那接壤(Svab,2002)。随着游客人数的增加,包括住宿和餐饮在内的酒店业得到了发展。随着时间的推移,旅游基础设施的建设使跨境地区成为一个购物旅游景点。

Michalko and Varadi(2004)研究了克罗地亚人在匈牙利的跨境购物活动。与斯洛文尼亚类似,跨境购物始于匈牙利的 Barcs。根据 Michalko and Varadi(2004)的研究,176 名访问 Barcs 的克罗地亚人中,大约一半(51%)每月访问一次,17%每季度访问一次。他们购物的动机是低价、购买高质量产品的可能性以及方便的购物环境。然而,Michalko and Ratz(2006)对匈牙利的跨境购物有不同的看法。为了突出经济因素,他们的研究基于 2005 年对 2473 名匈牙利游客的调查。调查结果显示,良好的经济条件鼓励匈牙利人在邻国进行跨境购物,访问罗马尼亚、斯洛伐克和奥地利这些国家的频率明显高于访问德国、波兰和意大利的频率。调查结果提出的主要原因是优惠的价格和购买在其母国无法获得的商品的可能性。这一观点得到了 Busch(2010)的支持,他用质性的方法调查研究了德国人在波兰的购物旅游活动。

Saayman(2012)研究了南非的跨境购物旅游,他们分析了 1980—2010 年非洲游客到南非旅游的人数和消费趋势,以开普敦为中心的时尚和旅游业经济的繁荣,已成为吸引游客进入该国最具吸引力的因素。诸多学者认为,购物旅游起源于跨境购物,如 Svab(2002)和 Michalko and Varadi(2004)所指出的,非洲人购物旅游的动机,不同于其他出于获取必需品的需要而产生的跨境购物情况。

Wei and Tin(2019)认为,新兴中产阶级购物旅游消费者给大多数后工业国家带来了一定的商业机遇,然而很少有学者关注目的地国家社会中相应的反应、困惑和担忧。通过对"不受欢迎的购物旅游"的表现形式及其在世界范围内中国游客增长所带来的消费环境变化背景下的地方抵制和冲突进行了批判性的反思,讨论并挑战了引导当今购物旅游的新自由主义,这种思维往往以牺牲当地消费者的世俗生活方式和本土文化身份为代价,最大化短期商业利益。因此,

Chen and Ting(2007)提出了一个当地居民和购物游客之间日益紧张关系的冲突模型,并且认为这是关系到全球城市可持续(购物)旅游发展的重要问题。

另一些学者从满意度、动机、感知价值和购买决策等行为关系方面对购物旅游行为进行了研究(见表2-3)。

表2-3 购物旅游消费行为研究汇总

研究者	研究内容	理论基础	研究方法	研究地区
Chang(2006)	购物动机、满意度	广义否定理论与同化对比理论	因子分析、回归分析	中国台湾
Tosun等(2007)	购物满意度	实证文献归纳、作者经验	实证分析、因子分析	土耳其
胡林(2008)	购物旅游需求	旅游心理学有关理论	实证研究、描述性统计分析	中国香港
孙治和包亚芳(2009)	购买行为	"刺激—反应"模式	因子分析、回归分析	中国浙江
黄鹏等(2009)	满意度	实证文献归纳	因子分析、回归分析	中国成都
胡华(2009)	购物旅游感知风险	实证文献归纳	因子分析	中国西安
刘力等(2010)	购物旅游体验	实证文献归纳	回归分析	韩国仁川
Walker(2012)	购物动机	实证文献归纳	因子分析、回归分析	英国
商凤标和周武忠(2012)	购物旅游目的地	"价值链"理论	AHP-FCE法	中国义乌
陈江伟(2013)	购物旅游市场	旅游经济结构理论	因子分析	中国义乌
Peter and Anandkumar(2015)	购物动机	符号格式塔范式,也称为"推拉因素"理论	因子分析、聚类分析、判别分析	迪拜
徐佳、由亚男、李东等(2015)	边境购物旅游满意度	公平理论、顾客满意度指数模型(ACSI)	因子分析	中国新疆霍尔果斯

续表

研究者	研究内容	理论基础	研究方法	研究地区
王彩妮和陈晓娜（2016）	购物旅游动机、满意度	推拉理论	因子分析	中国香港
Byung and Hyojin（2016）	购物价值观、购物属性与购物游客满意度	实证文献归纳	因子分析、回归分析	韩国
Manoj（2017）	购物动机	实证文献归纳	探索性因子分析	迪拜
Antonia 等（2017）	奢侈品购买动机	模糊集理论	定性对比分析	中国香港
Miju 等（2017）	购物目的地信任、感知价值	调控焦点理论（RFT）	因子分析、回归分析	中国香港
Heesup and Sunghyup（2018）	免税店购物决策	实证文献归纳	因子分析	韩国某机场

资料来源：根据相关文献整理。

  Chang（2006）采用广义否定理论和同化对比理论对赴中国大陆地区的中国台湾游客进行研究，发现销售人员的销售行为对购物动机和满意度具有调节效应。

  胡林（2008）运用旅游心理学有关理论，选择具备象征性的中国香港购物旅游为调查目标，将购物旅游发展模式放置于大城市标准情况下开展科学研究，对购物旅游者的要求特点和个人行为方法等层面进行探究性的论述。

  孙治和包亚芳（2009）以顾客个人选购行为基本原则"刺激—反映"方式作为科学研究的理论基础，应用因子分析法将危害旅游者个人选购行为的产品本质刺激性要素梳理为"产品种类及购物自然环境""商家服务""产品价格与真实度"及"有形化展现"四因素，多元回归分析说明四因素与旅游者对浙江省购物旅游目的地整体点评具备显著性差异的关系，样本剖析检测说明浙江省购物旅游目的地游客的婚姻生活、学历及出行目的等个体要素对购物旅游目的地的整体点评具备显著性差异的影响。

  商凤标和周武忠（2012）基于价值链理论，围绕"供给"和"支撑"两大系统，搭建了购物旅游城市综合性评价指标体系。结果显示，尽管游人对义乌作为购物旅游目的地拥有较高的游前期待，但是游后的实际满意度却较低，且有反差额的表现,说明当前义乌的购物旅游吸引力偏低。

Rousseau and Venter(2014)根据 Walker and Mesnard(2012)等人的研究成果,用因子分析和结构方程模型,研究结果将购物动机分为个人、情感、环境和情境,发现商场购物预期源于个人和情感,购物体验来源于购物环境和情境因素。

陈江伟(2013)根据旅游经济结构理论,以义乌国家 4A 级购物旅游景区为例,根据对影响购物旅游整体市场的要求(需求)因素、提供因素、支撑点因素等开展基础理论剖析,详细分析了义乌购物旅游发展模式和新的运营机制,为购物旅游基础理论和实证分析总结出新的构思。

Peter and Anandkumar(2015)基于符号格式塔范式,也称为"推拉因素"重要理论(Dann,1977),研究参观迪拜购物节游客的旅游动机,并将游客分为放松者、多动机者和购物者。

Hülya、Ibrahim and Mümin(2015)对土耳其一家商场的 521 名服装购物者进行了调查,利用结构方程模型验证分析表明,功利主义和享乐主义购物价值观对消费者的满意度和行为意向均有正向影响。然而,享乐主义的购物价值比功利主义的购物价值具有更大的影响,原因在于服装购物与享乐主义有关。另外,从结果来看,消费者满意度对行为意向无显著影响。

徐佳等(2015)以公平理论为基础,应用因子分析法以新疆霍尔果斯港口为样板,获取了影响中国边境地区购物旅游满意度的七个因素,即自然环境感知、质量感知、购物情景、服务设施、满意度、抱怨度和地理位置优越度。研究分析表明,自然环境感知对购物旅游满意度影响较大,次之为质量感知,地理位置优越度影响最小,除此之外,不一样的年龄层、受教育程度和岗位对购物旅游者满意度存有明显差别。因而,在边境地区购物旅游的全过程中,除更重视产品质量外,还应提升服务项目管理能力、改进服务设施等对策发展边境地区购物旅游。

王彩妮和陈晓娜(2016)根据推拉理论,以香港铜锣湾购物旅游消费者为研究对象,运用因子分析法分析购物旅游的促进和带动动机因素,确立旅游动机对游人满意度的作用机制,发现购物旅游的促进动机为休闲娱乐释放压力、追求完美奇特、追求质优价廉及文化探索,带动动机包含购物相关产品和购物自然环境,促进动机的文化艺术探索和带动动机均对满意度有积极影响,追求质优价廉对满意度有明显消极影响。从供需两个层面确立购物旅游的参与理由以及事后效用,能够提高消费者的满意度。

Byung and Hyojin(2016)以访问韩国的中国内地游客为研究对象,探讨购物旅游前后价值观的差异,并探讨购物价值观、购物属性与购物游客满意度之间的关系。结果显示,购物前价值显著高于购物后价值。购物属性对购物者购后价值观有显著影响,但购物属性有两个因素(购物风险和购物便利)。同时,购物后价值对游客满意度有正向且显著的影响。

Manoj(2017)通过探索性研究方法,研究了迪拜游客夜市购物行为,研究表明随着游客数量的增加和城市购物机会的增加,游客夜间购物行为的趋势正在上升。

Miju、Rob and Cindy(2017)以调控焦点理论(RFT)为基础,探讨游客对购物旅游目的地的信任对其感知价值的影响。研究结果表明,游客对购物目的地的信任,对于目的地在每个价值类别中的价值认知有积极影响。

Antonia、Metin and Seongseop(2017)运用模糊集理论,以316份中国内地游客在香港填写的问卷为基础进行探索性研究,调查特定条件是否足以促使游客购买奢侈品。定性对比分析结果表明,情感依恋、时尚引领、敏感度、社会价值四种条件的结合足以影响游客购买品牌奢侈品。

Heesup and Sunghyup(2018)利用在韩国一个国际机场的实地调查来收集数据,研究顾客在机场免税店的购物决策过程,证实购物价值、情绪(包括积极的和消极的)、购物满意度在发展顾客免税购物行为意向中具有重要作用。

综合分析国内外学者关于购物旅游消费行为的研究,从内容方面看,主要涉及购物旅游满意度、购物旅游动机、感知风险等;从理论基础方面看,研究者主要开展实证文献归纳,在文献归纳中寻找变量间关系,仅有少量研究者使用 S-O-R 模型、推拉理论和公平理论等,鲜有研究者从经典的消费决策理论开展研究,这一视角是研究空白。

2.1.3 霍华德-谢思消费行为理论的应用

1) 霍华德-谢思消费行为理论研究回顾

Pradeep and Saeed(1981)最先运用霍华德-谢思模型开展研究。表 2-4 是近年来国外学者在消费决策行为研究中采用霍华德-谢思消费行为理论的一些有代表意义的研究。

表 2-4 霍华德-谢思消费行为理论研究汇总

研究者	研究领域	研究内容	研究方法
Hamid 等(2016)	购买行为	商店空间激励因素、购买者行为	因子分析、回归分析

续表

研究者	研究领域	研究内容	研究方法
Chen and Duan(2016)	非理性购买行为	态度、意愿、营销推广、产品信号的释放、情感引导	回归分析
Yong and Yu(2017)	航空公司配套产品接受度	顾客行为、个性化服务、对营销渠道的信任和风险	回归分析
Mohd 等(2017)	旅游纪念品	旅游纪念品、旅游核心产品（文化、冒险、自然）、目的地形象	回归分析
Hassan(2017)	购买决策	产品特征、购买决策	回归分析
Han and Gu(2017)	再生产品购买意愿	态度、参与、环保、促销、购买意愿	回归分析
Lee(2018)	购物旅游	需求-适应性购物者模型	因子分析
Tian and Li(2018)	绿色建筑支付意愿	收入、支付意愿	回归和交叉表法
Teoh and Gaur(2019)	环保产品的品牌偏好	品牌偏好、环境关注、社会影响、收入	验证性因子分析

资料来源：根据相关文献整理。

Chen and Duan(2016)以霍华德-谢思模型为基础，探讨影响消费者不理性行为的因素，在此基础上，梳理出消费者非理性购买行为的综合模型，并利用结构方程模型对其进行验证。结果表明，态度、意愿、营销推广、产品信号的释放以及情感引导对消费者非理性购买行为具有显著影响，这些结论对于新产品的推广、企业客户忠诚度的提高以及消费者购买行为的理解都具有重要的指导意义。

Hamid、Hiva and Omid(2016)以 Nicosia 模型和霍华德-谢思模型为理论基础，根据购买时情绪-知觉指标中介的存在以及对人口统计学变量的调节作用，探讨商店空间激励因素对购买者行为的影响。研究结果最终证实商店空间激励因素对购买者购买行为有影响。研究还表明，人口变量中作为调节指标的年龄和性别指标在模型中是有效的，但收入指标不能起到调节作用。

Han and Gu(2017)基于霍华德-谢思模型构建模型,实证分析表明态度和参与对再生产品购买意愿有显著影响,环保和促销对态度和参与有显著影响。

Hassan(2017)以霍华德-谢思模型为基础,探讨影响马尔代夫金枪鱼罐头品牌购买决策的因素,实证研究表明产品特征对消费者的购买决策具有显著的正向影响,同时发现各种标签或品牌特征对消费者购买决定有显著影响。

Yong and Yu(2017)提出了包括技术接受模型和霍华德-谢思模型在内的综合模型,分析了影响顾客对航空公司配套产品接受度的因素,并建立了结构方程模型,对结果进行了检验。结果表明,顾客行为、个性化服务、对营销的信任和风险等,都会影响顾客对航空公司配套产品的接受度。

Mohd、Mohd and Nur(2017)通过霍华德-谢思模型构建模型,实证验证了马来西亚沙捞越地区旅游纪念品对旅游核心产品(文化、冒险、自然)和目的地形象之间关系的调节作用。

Lee(2018)基于霍华德-谢思模型以消费者利益为核心,以购物者需求和动机为重点,提出了需求-适应性购物者行为模型,确定了包括经典之旅、机会主义之旅在内的,代表消费者通常遵循路径的12个购物者行为模型,从而解释了一些特定的购物行为,比如以体验而非购买为购物行为最终状态的现象。

Tian and Li(2018)选取中国山西作为调查区域,基于霍华德-谢思模型,采用回归和交叉表法对调查数据进行分析,研究表明收入对绿色建筑支付意愿有显著影响。

Teoh and Gaur(2019)基于霍华德-谢思模型,采用验证性因子分析,研究发现品牌偏好受环境关注和对环境友好型产品态度的影响。此外,社会影响通过对环境的关注和对环保产品的态度间接影响品牌偏好。同时,收入显著地调节社会影响和环境关注之间的关系。

国内学者近年来对霍华德-谢思消费行为理论的应用研究较少,个别学者尝试用其进行一些领域的消费行为研究,取得了一些成果。武星星(2007)在这个基础上,以霍华德-谢思消费行为理论为依据,研究了消费者网上预订问题。陈玉(2009)认为,霍华德-谢思消费行为理论解释了为什么在不同环境中品牌原产地效应是不同的。宋志国和宋丽娟(2009)运用霍华德-谢思模式对房地产绿色营销进行分析,并提出了房地产绿色营销理论框架结构。

龚振(2011)以霍华德-谢思消费行为理论为基础构建模型,认为产出率或反应因素能够以不一样的方式和内容反映出去,如留意、掌握、心态、顾客用意和最终方式——消费者行为。温梦(2018)以霍华德-谢思消费行为理论为基础进行研究,发现店铺环境、生活价值观、社会因素对"80后"消费动机的整体影响程度最大。刘卫梅和林德荣(2019)以霍华德-谢思消费行为理论为基础开展研究,提出旅游者目的地互惠和地方依恋在旅游者目的地信任和忠诚度的关系之间具有链式双重中介作用。

综合分析近年来国内外学者关于霍华德-谢思消费行为理论的应用和研究,主要涉及消费者购买行为、产品接受度、购买决策、购买意愿、支付意愿和品牌偏好等方面,研究内容比较广泛,有个别文献运用霍华德-谢思消费行为理论研究了购物旅游消费行为的一些问题,数量较少,质量也不高。

2) 霍华德-谢思消费行为理论适用于本研究的可行性

霍华德-谢思模型反映的是消费者在购买和决策过程中的行为反应、购买和决策过程之间的关系,以及市场上商品的特点,被公认为描述消费者个人购买决策行为的经典且是最常被引用的基本模型。该模型是 EKB 模型、Nicosia 模型等消费者决策行为模型的融合,逻辑性强,内容全面,符合消费者购买逻辑。作为一种比较成熟和全面的消费者购买决策行为模式,该模型强调了购买决策过程中输入的重要性,因此该模型是重要的,也是引用频率较高的(Prasad and Jha,2014)。虽然该模型还不足以完美地解释所有的购买消费行为,但经过实证研究,该模型已经成为一个较为全面的消费者行为理论(Horton,1984)。

霍华德-谢思模型来源于"刺激-反应"概念。在这个模型中,消费者行为的发生是多种情况巧合的结果,这解释了这个模型中包含的变量(Ieva and Elina,2015),它的基本结构类似于 S-O-R 模型,即在进入和产出变量之间感知和学习是不同的,进入(刺激)的多项变量被描述为系统的内生变量,随着公司的营销活动和社会环境对消费者的影响而衍生(Rau and Samiee,1981)。

根据霍华德-谢思模型的理论框架,购买决策的前提是充分了解目的地信息和从销售人员处知晓商品信息,这同样也适用于购物旅游行为。通过大量的文献阅读,结合霍华德-谢思模型,作为购物旅游消费者,目的地形象和信任、企业品牌的认同和对促销利益的感知在购物决策行为中是非常重要的因素。在本研究中,这些因素被视为投入变量。内部因素主要涉及购买动机和感知价值等心理变量。根据霍华德-谢思模型,本研究初步建立了目的地形象、目的地信任、企业品牌认同和感知促销利益四个变量对购物旅游动机和购物旅游感知价值等内生心理变量的相互关系,再通过文献回顾分析对模型进行改进,最终构建涉及目的地形象、目的地信任、企业品牌认同、感知促销利益、购物旅游动机、购物旅游感知价值和行为意向等七个变量间相互关系的购物旅游消费行为模型。关于七个变量之间相互关系的文献研究,在本章后面有详细回顾,在此就不再赘述。

2.2 目的地形象文献回顾

2.2.1 目的地形象的概念及研究进展

Hunt(1971)最早开展了对旅游目的地形象(Tourist Destination Image, TDI)概念的研究。Baloglu and Mc(1999)将目的地形象界定为本人对目的地的专业知识、感情和全世界印象的心理表征,这一定义得到了 Kim and Richardson (2003)以及 Camp and Martinez(2010)的支持。同时,Zhang(2014)认为,目标图像有五个基本要素:认知形象、情感形象、整体形象、竞争-情感联合形象和自我和谐形象。国外有关目的地形象概念的研究成果见表2-5。

表2-5 国外学者有关目的地形象概念研究汇总

来源	概念
Hunt(1971)	对其非居住地的印象。
Crompton(1979)	对目的地的信念、观念及其印象的总数。
Gartner(1993)	目的地形象是由三个有多样性的、本质有关的成分发展而成:认知能力的成分、情感的成分和意动的成分。
Kotler(1994)	地方的形象是一个人所有的有关地方的信心、念头和印象的总数。
Baloglu(1999); Kim and Richardson(2003); Camp and Martinez(2010)	个人对目的地的知识、情感和全球印象的心理表征。
Murphy 等(2000)	包含目的地多种多样成分和个人认知的信息。
Buhalis(2000)	将旅游目的地定义为一个包含六个要素的地方:景点、可达性、便利设施、可用的打包服务、活动以及为满足游客需求而在当地提供的辅助服务。

续表

来源	概念
Tasci 等（2007）	由对目的地的逻辑思维、意识、感情、角度和意向产生的互动系统。

资料来源：本研究整理。

中国学界对旅游目的地形象的研究较晚，从 1999 年起，逐渐大量的研究转向这一行业领域，在追随着西方国家学者研究的步伐外，获得了比较丰富多彩的研究成效。中国学者对旅游目的地形象定义和内涵的研究受海外研究成效比较显著，但都没有达成统一和共识（见表 2-6）。

表 2-6　国内学者目的地形象概念研究汇总

来源	概念
保继刚（1999）	游客挑选旅游目的地时，把接收到的各种媒体信息内容映射进脑海里对自然环境所产生的总体印象。
张宏梅等（2011）	某个目的地的知识、情感和整体印象的心理表征。
雷宇等（2015）	旅游目的地吸引住物、旅游目的地设备、休闲活动等与旅游者必须达成有关的关键旅游商品形象。
涂红伟等（2017）	将目的地形象视为一个心理状态或心态概念，为游客界定对度假旅游目的地的一系列信心、见解及其印象总数的感知。
赵彤等（2018）	目的地的认知能力形象是感情形象造成的基本结果，游客在对目的地形象造成一定认知能力以后会随之造成一定的心态体会，这类心态有益于加强游客与目的地之间的联络并对目的地产生一种情感体验。
吕晶（2019）	度假旅游目的地各种各样因素，经过传播媒体作用于旅游者，并在旅游者心里产生一种综合性印象，这是影响潜在性旅游者的首要条件。

资料来源：本研究整理。

2.2.2　目的地形象的维度研究

旅游目的地形象维度研究是对目的地形象精确测量和点评的关键方式，有很多专家学者从大城市目的地等出发，用结构法或者非结构法精确测量目的地形象，明确提出了不一样的形象维度以及特性。当前，学者对目的地形象的维度有不同的观点（Ashworth and Goodall，2013；Baloglu，1997；Baloglu，1999；

Echtner and Ritchie,1993;Manhas 等,2016;Pike and Page,2014;Walmsley and Young,1998)(见表 2-7、表 2-8)。

表 2-7 国外学者对目的地形象维度的划分

来源	维度内容	维度数量	目的地
Baloglu and McCleary（1999）	品牌体验、吸引力、环境价值	3	土耳其、希腊、意大利、埃及
Lee 等（2005）	吸引力、舒适、物有所值、异国情调的氛围	4	韩国
Chen and Tsai（2007）	目的地、自然、文化、娱乐、阳光和沙滩	5	中国台湾垦丁
Kim and Perdue（2011）	景点、设施、服务、活动	4	马来西亚
Harun 等（2018）	基础设施、旅游环境、自然景观、娱乐和事件	4	马来西亚沙巴
Beerli and Martin（2004）	自然、文化、旅游休闲基础设施、氛围、社会背景、阳光和沙滩	6	西班牙
Kim and Morrsion（2005）	旅游资源、工业产品、消极形象、稳定形象、负面形象	5	韩国
Martin and Bosque（2008）	旅游基础设施和社会经济环境、氛围、自然环境、情感形象、文化环境	5	西班牙
Rittichainuwat 等（2001）	个人探险行为和景色自然之美、社会发展和环境污染问题、文化艺术、安全性度假旅游目的地、抵达非常容易、物有价值的餐馆和酒店住宿	6	泰国
Sirakaya 等（2001）	诱惑力的认知能力评定、社会经济发展及文化相似度、旅游管理和园林景观、人文景观、差的旅游管理、宁静靠谱和具有安全性的场所、舒服的释放压力、感知休闲度假成本	8	韩国

资料来源：本研究整理。

表 2-8　国内学者对目的地形象维度的划分

来源	维度内容	维度数量	目的地
张宏梅(2006)	要素认知、整体认知、商业认知	3	镇
白凯(2012)	平和、愉悦、动感与现代	3	国家
陆书(2013)	景观形象、设施形象、服务形象	3	城市
张宏梅(2013)	体验质量、吸引物、商业宣传	3	镇
刘力(2013)	自然形象、娱乐形象、文化形象、社会形象	4	国家
沈鹏熠(2012)	基础设施、景观、环境卫生、安全、服务	5	景区/城市
马明(2011)	服务、形象、安全、交通、休闲、资源	6	景区
谢雪梅(2010)	安全、友善、文明、古朴、优美、商机、独特、神秘	8	城市

资料来源：本研究整理。

部分学者认为，目的地形象与人的感性和理性有关，最终影响目的地选择或行为意图(Chen and Tsai, 2007; Prayag 等, 2017)。Prayag(2017)认为，旅游目的地形象评估可以帮助旅游管理者识别优势和劣势，进而能够预测游客的行为和意图。

还有一部分学者认为，目的地形象的维度包含认知和情感感知两个重要方面(Li 等, 2010)。游客根据他们对价值和重要性的感知来评估旅游目的地的可用资源和景点(Bornhorst 等, 2010; Tapachai and Waryszak, 2000)。游客的情绪和感觉受到目的地所提供的个人接触或情感成分的影响(Beerli and Martin, 2004; Chen and Phou, 2013; Kim and Perdue, 2011)。当游客看重旅游目的地的资源吸引力时，游客更有可能实际去旅游(Alhemoud and Armstrong, 1996; Govers 等, 2007; Wang and Hsu, 2010; Qu 等, 2011; Zhang 等, 2014)。

2.2.3　目的地形象研究综评

张宏梅等(2011)学者认为，目的地形象是对某个目的地的知识、情感和整体印象的心理表征。雷宇等(2015)学者也持有此类观点，认为目的地形象与吸引物、设施设备有关系。本研究基于张宏梅和蔡利平(2011)、雷宇等(2015)的研究成果，认为目的地形象为一个国家或地区的旅游目的地产品形象，包括吸引物、旅游氛围、设施和活动。该定义基本表达了目的地形象的特征，涵盖了其内在含义。

本研究借鉴 Wgne(2009)的观点,认为旅游目的地形象是游客对目的地认识和情感的表达。维度测量方面,借鉴 Martin and Bosque(2008)等学者的成熟研究成果,本研究认为认知形象、情感形象是两个重要参考维度。

2.3 目的地信任文献回顾

2.3.1 目的地信任的概念及研究进展

旅游目的地信任(Tourist Destination Trust,SDT)是一个抽象的概念,它解释了旅游行为的一个核心方面。在社会环境中,人们需要提前"知道"其他人或他们同龄人的行为如何影响他们的利益。关于信任概念的研究详见表2-9。

表 2-9 信任概念研究汇总

来源	概念	视角
Deutsch(1960)	信任是关于个体对风险的态度。	心理学
彭凯平(2009)	一种有利于自身的假设或期望。	心理学
Hosmer(1995)	一个人、团体或公司对另一个人、团体或公司自愿接受的义务的依赖,以承认和保护所有其他从事共同努力或经济交流的人的权利和利益。	社会学
彭泗清(2003)	态度或者意愿。	社会学
刘卫梅和林德荣(2019)	期望与实际感知的一致性,包括目的地的功能属性和象征属性。	社会学
刘建新(2006)	一种判断、支持、认同。	营销学

资料来源:本研究整理。

近年来,随着跨境购物旅游的繁荣,购物旅游目的地信任的研究逐渐增多,这是一个值得注意的现象。Choi and Heo(2018)认为,降低购物风险是确保购物旅游目的地商业繁荣的先决条件,因为风险可能会影响感知价值和对未来购物旅游目的地的选择。之前的研究表明,增强信任是一种避免或最小化感知(购物)风险的方法。增加信任有望降低购物风险,并最终树立购物旅游目的地可靠的印象。尽管信任具有重要的作用,但在与购物和旅游相关的研究中,人们对它的关注有限。由于出国(境)旅游的购物行为不同于国(境)内普通的购物行为,游客的购物行为需要在心理学理论的基础上进行深入的研究。Choi and Heo(2018)通过探讨购物旅游目的地的信任对游客购物旅游价值的影响,表明人们对购物旅游目的地的信任会积极影响人们对购物旅游价值的认知。

2.3.2 目的地信任的维度研究

信任维度的研究总体上呈现了从单维度到多维度的发展趋势,表 2-10 是不同的学者对信任维度的划分方式选列。

表 2-10 学者对信任维度的划分

来源	维度内容	维度数量
Axelord(1984);Bulter(1991);Coleman(1990);Chaudhuri and Hoibrook(2001);Gefen(2000);Moorman 等(1992);Morgan and Hunt(1994);Mayer and Davis(1999);Jarvenpaa and Tractinsky(1999);王亮(2009);沈鹏(2012);刘卫梅和林德荣(2019)	总的信任	单维度
Luhmann(1979)	人际、制度	二维度
Zucker(1986)	制度、个体	
贺爱忠(2010);Chen and Phou(2013)	可靠性、意愿	
Choi(2016);Doney and Cannon(1997);Kelly and Stahelski(1970)	可预测性、声誉	
Blau(1964);Giffin(1967)	仁慈、诚信、能力	三维度
Petty 等(1997)	可信赖性、信念、忠实	
Jarvenpaa 等(1999)	仁慈、正直、能力	
Seligman(1997)	信任、信心、信念	
Park 等(2012)	仁爱、能力、诚信	

续表

来源	维度内容	维度数量
Ratnasmgham(1998)	基于计算的信任、基于威慑的信任、基于认同的信任、基于了解的信任	四维度
Gefen and Straub(2004)	仁爱、正直、可预测性、能力	

资料来源：本研究整理。

在信任维度的研究领域，有一些学者的研究成果值得深入探讨。Blau(1964)和Giffin(1967)指出，仁慈、诚信和能力是形成消费者对网上交易购物信任的核心要素。Jarvenpaa等(1999)调查了消费者信任，提出在网上商店你可以买到很多东西，比如爱心、正直、值得信赖等，研究显示仁慈、正直和能力是信任常用的维度。Gefen and Straub(2004)认为，信任有4个维度，即仁爱、正直、可预测性和能力，在B2C电子商务消费者信任的研究中，他们验证了一个四维信任量表。Park等(2012)运用了仁爱、能力和诚信的维度来形成对电子零售的信任。因此，仁慈、诚信和能力这些维度被认为是购物旅游目的地信任(Shopping Destination Trust，SDT)的潜在维度(Park等，2012)。

Kellyand Stahelski(1970)认为，可预测性增强了消费者的信心，因为他们知道没有什么意外可能发生。Doney and Cannon(1997)通过研究买方与卖方关系中的信任本质，提出可预测性可以让消费者增强产品的可信度。Choi(2016)的研究证实，可预测性、声誉也是购物目的地信任的组成维度。

2.3.3 目的地信任研究综评

从本质上来说，作为一个被信任的客体，目的地与商品、游客本身并没有多大的区别(姚延波、陈增祥和贾现，2013)。本研究借鉴Mayer等(1995)的观点，认为目的地信任是一种感知状态，关键在于目的地能否符合游客自身的期望和要求。该定义基本符合目的地信任的真实含义，正如学者彭凯平(2009)的研究指出，信任是一种有利于自身的假设和期望。

以Kelly and Stahelski(1970)、Doney and Cannon(1997)、Jarvenpaa等(1999)、Gefen and Straub(2004)、Park等(2012)、Choi(2016)等学者的研究成果为基础，本研究提出将仁慈、诚信、能力、可预测性和声誉5个维度作为购物旅游目的地信任的潜在组成维度。

2.4 企业品牌认同文献回顾

2.4.1 企业品牌认同的概念及研究进展

品牌认同(Brand Identification,BDI)是基于社会认同理论和组织认同理论发展而来,社会心理学最先开始关注。20世纪70年代,品牌认同才引起学者们的研究兴趣。

Aaker(1996)认为,消费者对知名品牌的感知与他们的自我意识有关,他们通常倾向于购买能够反映自己个性和品牌形象的知名品牌。同样,Graff(1996)认为,其企业形象与消费者自我意识相符的知名品牌产品将受到消费者的高度评价,并且合格程度越高,消费者的认可度和关注度就越高。Cova(1997)认为,品牌认同是一种实现自我的方式。

Underwood(2001)根据社会认同理论中关于自我的定义,实现对知名品牌消费者的同理心的解释。Underwood(2001)认为,消费者将根据自己的个人特征来定义个人,并根据他们所属的社会群体来定义社会。消费者对自己的定义将影响他们对知名品牌的消费态度和行为。如果知名品牌能够坚持向消费者传递个人品牌形象并增强其个人社会影响力,那么知名品牌将更有可能获得更高水平的消费者认同。

Carlson(2005)认为,知名品牌产品是许多消费者与公司联系的唯一体验。消费者对公司的认可不仅取决于公司本身传达的信息,还取决于员工和其他知名品牌产品的使用者。相比之下,消费者与知名品牌之间的关系更为直接,而知名品牌也认识到如此生产经营更容易成功。

Bagozzi and Dolokia(2006)指出,消费者将自己的自我意识与知名品牌传达的定义和内涵相结合,匹配程度是消费者如何识别和理解知名品牌。而Sven and Sue(2010)也认为,知名品牌标识是消费者自己的个人品牌形象和以该知名品牌代表的个人品牌形象相互交织的程度。

Schouten(2007)指出,知名品牌的个人品牌形象与消费者的个人品牌形象之间的相似度越高,消费者与知名品牌产生共鸣的机会就越大。

Tildestey and Coot(2009)通过实证科学研究,清楚地提出了知名品牌身份、社会身份和组织身份不同的三个组成部分:自身的知名品牌定位,知名品牌特点和知名品牌信号。也有学者认为,驰名品牌标识是一种由认知、情感和评估三个要素组成的结构。

根据社会学理论和先前学者们关于消费者身份的核心概念,Tuskej(2011)强调仅对相似性或身份的识别并不能直接产生品牌身份,要将品牌认同定义为消费者对品牌相似性的认知。

国内对品牌相关理论的研究晚于国外,进入新世纪以后,国内有关品牌方面的研究才逐渐增多。陈亚婷(2002)认为,品牌认同就是通过品牌,消费者能够达到对自我的认同。刘欣(2012)明确指出,品牌认同是个体形象与品牌形象之间的一致性水平,即品牌的价值观是否得到消费者的认可。李华民(2013)认为,品牌认同是指品牌依靠工厂的产品或服务,并通过媒体传递与目标受众相似的信号,包括情感、态度、行为等,客户体验会影响品牌认知度,进而影响到忠诚。傅春林(2018)认为,品牌认同是消费者感知、体验与评价其归属某个品牌的一种心理状态。Wang and Zhang(2018)认为,品牌认同识别是指客户认可的品牌与自己的品牌形象保持一致,从而产生情感。姚熙和郑洁(2018)认为,有三个因素会影响客户对品牌的认可,品牌自身的一致性、品牌差异和品牌推广。

2.4.2 企业品牌认同的维度研究

Bergamiand Bagozzi(2000)认为,品牌认同是对其真实身份和品牌身份之间重叠程度的认知。其他一些学者将认知能力叠加法应用到消费者对品牌认同的精确测量中(Bhattacharya,1995;Mael,1988;Meal and Ashforth,1992)。Bagozzi and Dholakia(2006)选择叠加方法来准确衡量品牌的认知度,使客户能够独立评估。Lam(2008)通过认知能力重叠,准确衡量计划对品牌的认知度。

Rio(2001)根据客户将品牌认同分为两个层次,个人品牌认同识别来自品牌图像特征是否与他们自己的个性化图像特征相似,当客户可以根据品牌提升自己作为特殊社会意识形态的成员,或者主要表达他们所隶属或预期所隶属的特殊社会意识形态的特征时,就会引起他们对社会中相关品牌的认可。

中国学者在品牌认同维度方面,同样也做了一些探索性的研究。陈雅亭(2002)对品牌认同进行准确衡量,包括四个层次:品牌符合自己的形象、品牌可以表达自己的个性化、由潜意识传递的潜意识品牌与自己的潜意识是一致的和我真的很喜欢这个品牌。金立印(2006)明确提出了准确识别品牌认同的衡量尺度,顾客对品牌的消费是建立在对品牌的社会认知及其表现的基础上的,消费者对品牌的消费是基于品牌的社会认知,其个人价值可以由品牌来体现。其他一些国内学者也对品牌认同的测量提出了自己的观点,郑小勇(2007)选择思想率和偏好率这两个指标值来衡量品牌的归属感。董敏(2012)指出,个性化和价值观的认知程度以及对品牌名称、品牌体验和表象的偏好程度,能准确地衡量对品牌的认可度。季静(2014)和付春林(2018)从顺应、情感、信任和满意度四个层面建立了客户的品牌认同识别等级量表。

2.4.3 企业品牌认同研究综评

根据有关品牌认同的文献研究,可以看出专家学者对品牌认同定义的讨论研究是比较统一的。基于以上分析,本研究借鉴 Aaker(1996)、Graff(1996)、Underwood(2001)、陈雅亭(2002)、Bagozzi and Dolokia(2006)等学者的观点,认为品牌认同是关于企业品牌与个人价值观的一致性程度,顾客可据此对企业品牌有所反应。

根据企业品牌认同的概念,学者 Rio(2001)和金立印(2006)关于企业品牌认同维度的研究是最符合现实的。因此,本研究借鉴学者 Rio(2001)和金立印(2006)的观点,认为品牌认同包含两个维度,即个体品牌认同和社会品牌认同。

2.5 感知促销利益文献回顾

2.5.1 感知促销利益的概念及研究进展

Holbrook(1994)认为,对促销的认知可以分为不同的层次。一是促销活动使消费者获得最大收益,二是内在刺激、乐趣及认同。因此,促销不仅能给消费者带来金钱上的节省这一利益,还包括质量、娱乐、探索、便利等。不同的促销,带来的价值不同(Babin,1994;Hirschnan and Holbrook,1982)。Zeithaml(1988)认为,顾客感知价值是对商品效果的整体评估,是顾客的消费与收获之间的平衡。价值不等于质量,这是更高级别的抽象,与质量相比,价值更具个性化。

尽管 Zeithaml 在促销中"省钱"的基础上明确提出了效果评估的认知价值,但仍不可能完全总结促销方法带给顾客的各种权利和利益。Kevin(1993)认为,顾客感知利益可以分为两个等级,功能型和享乐型。

Chandon(2000)认为,感知促销利益(Perceived Promotional Benefit,PPB)就是对促销经验的感知,首次将直接利益与促销结果画等号。Raghubir(2004)认为,促销主要包括以下利益,即节省金钱、获取信息和产生情感,这些都符合实用型与享乐型的划分方式。

综上,本研究认为,物质和精神利益构成了感知促销利益,具体途径包括参与具体促销或者与促销活动接触,属于营销学中消费者感知价值的范畴,具体有实用型和享乐型两种不同形式。

2.5.2 感知促销利益的维度研究

前期的学者认为,顾客对促销的感知有着复杂的原因,有时并不仅是出于价格的高低或者金钱的节省,譬如同样价格力度的促销却引起顾客不同的兴趣和偏好。Schindler(1989)从品牌、购物消遣方面,Darke and Freedman(1995)从成就动机等不同角度解释了非金钱方面的促销感知。对于促销利益的感知,Hirschrnan and Holbrook(1982)逐渐从金钱角度转变为非金钱的角度。

实用型利益和享乐型利益,这是促销带给消费者的主要两种利益形式(Chandon,2000)。前者包括时间的节省、价格优势、品牌产品等,很好地减少了消费者的消费成本,提高了效率,实现了效用的最大化;后者则是心理层面的,包括刺激的环境、猎奇、探索、自我价值的体现以及乐趣等。Chandon(2000)根据上述分析,编制了感知促销利益的量表和维度构面(见图 2-5)。

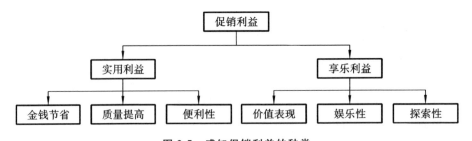

图 2-5 感知促销利益的种类

资料来源:根据感知促销利益研究相关文献整理。

还有部分学者对感知促销利益也有研究,同时还进行了实证分析。Ailawadi(2001)认为,促销给顾客带来经济型和享乐型利益,其中,财务、品牌和价格属于经济型利益的三个子维度，创新、多元化、购物达人、乐趣、冲动等是享乐型利益的五个子维度。Reid(2015)认为，在 Ailawadi(2001)的研究中，享乐型利益还包括探索等，共有六个维度，他们的研究主要集中在消费行为较容易发生的顾客上。

综上，关于感知促销利益维度的划分，Chandon(2000)的研究结论可能与本研究较为贴切，将感知促销利益的维度分为实用(经济)利益和享乐利益。实用型感知促销利益包括金钱节省、质量提高和便利性三个方面；享乐型促销利益包括价值表现、娱乐性和探索性三个方面。

2.5.3 感知促销利益研究综评

综合国内外学者的研究成果，本研究认为，感知促销利益是消费者感知价值在促销及营销活动中的体现，是顾客从具体促销活动中所得到物质和精神利益的总和。本研究借鉴 Chandon(2000)的观点，将购物旅游感知促销利益分为实用利益和享乐利益两个维度，其中实用型感知促销利益包括金钱节省、质量提高和便利性等因素；享乐型促销利益包括价值表现、娱乐性和探索性等因素。

2.6 购物旅游动机文献回顾

2.6.1 购物行为动机的概念及研究进展

自从 Tauber(1972)开创性的著作《人们为什么购物》发表以来，学者们已经进行了许多研究，以确定购物者的潜在购物动机及其与购物行为的关系(Babin，1994；Dawson，1990；Lotz，1999；Westbrook and Black，1985)。动机(Motivation)被认为是一种假设和不可观察的心理结构，可以假设为人类行为的激励和指导方面，是"为满足内部需求状态而采取一定行为的力量"(Westbrook and Black，1985)。因此，购物动机(Shopping Motivation)可以被定义为将消费者带到市场来满足其内在需求的行为驱动力，确定购物动机可以为了解当地消费者的需求和细分目标市场提供重要的基础。先前关于购物动机的研究表明,消费者购物的原因多种多样。表 2-11 总结了之前关于购物动机的一些研究。

表 2-11 购物动机研究汇总

来源	发现的购物动机	样本
Tauber(1972)	六种个人购物动机、五种社会购物动机	随机深度访谈(15 名男性,15 名女性)
Westbrook and Black(1985)	预期效用、角色设定、谈判、选择优化、隶属关系、权力、激励	百货公司的女性购物者(203 名)
Dawson(1990)	产品动机、体验动机	户外工艺品市场购物者(300 名)
Babin(1994)	功利主义购物动机、享乐购物动机	购物商场购物者(400 名)
Lotz(1999)	外在购物动机、内在购物动机	两个娱乐商场的购物者(583 名)
Groeppel(1999)	价格导向购物动机、刺激导向购物动机、建议导向购物动机	家具店购物者(150 名)
Rousseau and Venter(2014)	个人、情感、环境、情境	英国某商场购物者(680 名)

资料来源:根据相关文献整理。

Tauber(1972)假设了六种个人购物动机,即角色扮演、娱乐、学习新趋势、自我满足、身体活动和感官刺激。Tauber(1972)在购物动机研究领域的贡献是他发现购买不是唯一的动机,他列举的许多动机都与购买无关。

虽然 Tauber 的研究很重要,但是直到后来 Westbrook and Black(1985)的实证研究才充分认识到它的价值。Westbrook and Black(1985)对 203 名女性百货商店购物者进行了个人采访,确定了七种购物动机,并将女性购物者分为六组。随后调查研究了不同零售环境下的购物动机,主要包括产品动机与体验动机(Dawson,1990)、功利主义购物动机和享乐购物动机(Babin,1994)、外在购物动机和内在购物动机(Lotz,1999)、价格导向购物动机和刺激导向购物动机(Groeppel,1999)等。尽管存在术语上的问题,但以往关于购物动机的研究大致可以分为两类,即购买产品的购物和享受活动的购物。产品购买动机是指消费者为购买产品而到零售店购物的动机,在概念上等同于产品导向的、功利性的和外在的购物动机。另一种购物动机是将购物作为一种活动来享受,是指在逛零售店的过程中寻找内在的乐趣。这种购物动机在概念上类似于体验性、享乐性或娱乐性、内在性和刺激导向的购物动机。

购物动机根植于购物者的内在需求状态，不同文化背景的人可能有不同的需求。因此，购物动机可能受到人们生活文化的影响。Tauber（1972）和Westbrook and Black（1985）认为，需要对购物动机在不同类型的购物旅行和场合中的相对重要性进行量化研究。Groeppel（1999）在德国家具购物中发现了以建议为导向的动机，在其他文化中，消费者可能对其他零售形式有不同的购物动机。Rousseau and Vente（2014）的研究将购物动机分为个人、情感、环境和情境，研究发现商场购物预期源于个人和情感，购物体验来源于购物环境和情境因素。

2.6.2 旅游行为动机的概念及研究进展

旅游动机（Tourism Motivation，TM）研究在国外旅游研究中已经有部分成果，从研究力量上看，社会学和心理学是两种主要力量；从门派上看，主要包括实证与理论研究，研究方法主要包括聚类和因子分析（见表2-12）。

表2-12　代表性研究者旅游动机研究设计与方法

研究者	国家/地区	动机变量/项	样本类型	分析技术
Ross E. L. D.	美国华盛顿	6/21	到华盛顿观光者	因子分析
Lee T. H.	韩国首尔	4/21	到Lotte主题公园的游客	因子分析
John L. Crompton	美国安东尼奥	6/28	参加安东尼奥节庆的游客	因子分析、方差检验
Dale Fodness	美国佛罗里达	5/20	到佛罗里达的度假者	因子分析、聚类分析
Seyhmus Baloglu	地中海沿岸	2/38	到地中海的美国和加拿大游客	因子分析
Peter Aderhold	欧洲	5/25	欧洲8个主要客源国	因子分析、聚类分析
Jeong. S. O	韩国首尔	4/21	到Lotte主题公园的游客	因子分析
Waller	英国	5/20	英国在校大学生	因子分析
Choong-Ki Lee	韩国庆州	6/31	参加世界文化博览会的游客	因子分析、聚类分析

续表

研究者	国家/地区	动机变量/项	样本类型	分析技术
张邱汉琴	中国香港	5/20	到港的内地游客	因子分析
吴必虎	中国上海	6/23	上海居民出游动机	因子分析
张卫红	中国内地	4/14	国民生活课题抽样	因子分析
张宏梅	中国安徽	6/16	对皖江4城市居民调查	因子分析、聚类分析
陈德广	中国开封	8/27	对开封居民出游动机的调查	因子分析、聚类分析

资料来源：本研究整理。

本研究认为，旅游动机关系着游客的决策过程，旅游需求是其基础，动机的高低决定了出游的期望值，关系到如何选定目的地。Uysal(1998)对该领域进行了研究，并形成了旅游需求影响因素结构图，形成了一定的理论成果(见图2-6)。

图2-6 旅游需求的影响因素(Uysal,1998)

2.6.3 购物旅游动机的维度

Verbeke(1987)对购物旅游者研究发现,丁克家庭和青年男女在购物中的态度更为积极。Turner and Reisinger(2001)指出,旅游者购物动机影响要素包含人口学统计特征及产品、店铺和服务的属性特征。孙静(2002)的研究发现,购物动机包括炫耀、权力、求新、效仿,有很强的主观感性因素。Gbbor(2006)认为,产品是关键因素,类型、购物氛围、服务和吸引物共同构成购物旅游行为的核心,其研究对象主要是女性,还可细分为观赏、服务、品牌文化、享乐等子维度。James(2007)认为,购物环境的安全、质量和吸引力,是购物行为成为旅游吸引物的关键因素。

实证方面,Dann(1977)是较早涉足的学者,其总结的推拉旅游动机理论,是后续研究的基础性理论。学者胡林(2008)的研究显示,购物旅游行为具有多重属性,包括购买、美食、住宿、观光和娱乐等体验行为。

综上,商品、环境和个人动机可能是影响购物行为的三个主要因素。商品包括价格、特色、种类、质量等要素。购物环境则为基础设施、服务和配套设施。个人动机具体可分为求美、求廉、求新、文化等方面。因此,有部分学者把旅游者的购物旅游动机细分为推动动机和拉动动机两个方面。本研究初步梳理了购物旅游动机维度方面的研究成果(见表2-13)。

表2-13 购物旅游动机维度研究成果汇总

来源	维度	维度数量/个	研究对象
Kim and Jin(2003)	转移、社交、功利	3	韩国某折扣店购物行为
Arnold and Reynolds(2003)	冒险、社会、满意、观念、角色、价值	6	33名男性和65名女性的一般购物行为
Geuens等(2004)	机场相关因素、环境、体验、功能	4	比利时某机场购物行为
Guido(2006)	交流维度、享受自己独处、决定的自由	3	购物中心的80名顾客

续表

来源	维度	维度数量/个	研究对象
Kaur and Singh(2007)	享乐购物动机、同龄群体吸引、市场行家、功利购物动机、地位意识、消遣购物动机、冲动购物动机、经济购物动机	8	印度青少年零售购物行为
Lin and Chen(2013)	价格、质量、环境、沟通、文化、氛围	6	中国台湾桃园国际机场的购物行为
Correia and Kozak (2017)	情感依恋、时尚引领、威望敏感度、社会价值	4	中国内地游客在香港地区的购物行为
Manoj(2017)	探索、休闲活动、购物体验、避免拥挤人群	4	迪拜游客夜市购物行为

资料来源:本研究整理。

Tauber(1972)深入研究了消费者的行为以及人们购物的确切原因。研究认为,购物的动机包括个人动机和社会动机。个人动机包括角色扮演、转移、自我满足、新趋势等。社会动机包括吸引力、地位、交流、权威以及讨价还价的乐趣。与"拉"和"推"的旅游动机相比,购物动机和旅游动机几乎是相同的。

Westbrook and Black(1985)综合分析 Stephenson and Willett(1969)、Darden and Renolds(1971)、Tauber(1972)的购物动机分类,编制了 7 维动机量表,共包含 17 个项目。该量表编制的时间较早,测量对象仅为女性购物者,在应用范围上有一定的局限性。

Jansen(1991)率先开展了关于购物空间的研究,他认为应该加强购物空间的吸引力,以重振零售活动,强调需要以下因素来增强购物空间的吸引力,设计良好的购物环境,包括:多样化的商店、供应商、休闲活动和景点;便于通行的停车设施;供行人通行的交通工具;积极形象的塑造;周末和节假日轻松利用闲暇时间;良好的客户服务;为社会提供情感价值;举办现场表演、动画等活动。Jansen(1991)使用了"购物旅游"一词,认为购物有可能会是旅游的主要目的之一。

在 Olver(2003)的研究中,确定了 10 个维度的量表,即家庭外的社会经验、娱乐、活动、感官刺激、与感兴趣的人的交流、自我奖励、了解新趋势、权力和地位、讨价还价过程中的快乐和讨价还价结果中的快乐,包括 43 个项目。

Kim and Jin(2003)的研究认为,转移、社交和功利是韩国促销店顾客购物动机的三个维度。Arnold and Reynolds(2003)使用因素分析法,首次确定了享乐购物动机量表,包括冒险、社会、角色、满意、观念、价值6个维度,此研究更是促进了享乐购物动机研究综合化、系统化的进程。

Geuens等(2004)基于机场购物动机开发了机场相关因素的购物者动机量表。离开布鲁塞尔机场的比利时旅客被要求填写一份问卷,该研究收集了236份可用样本。Geuens等(2004)在这些因素的基础上提出了航空旅客的类型,即情绪购物者、购物爱好者和冷漠购物者。冷漠的购物者通常对购物漠不关心,而机场的特色也会促使心情不好的购物者和购物爱好者购物。同样,Chung等(2013)基于购物动机确定了航空乘客的类型。这项研究是基于对中国台湾桃园国际机场500名乘客的调查。机场购物动机的因素与Geuens等(2004)发现的因素相似。这三个因素是功能性的、经验性的和理性的。Chung等(2013)基于这些因素将机场购物者分为四种类型(冷漠型购物者、传统型购物者、情绪型购物者和购物爱好者)。此外,Chung等(2013)研究了四类机场购物者出行前信息源偏好和现场信息源偏好的差异,结果表明四类机场购物者的购物信息源偏好(出行前和现场)存在显著差异。

在Mooradian和Olver的研究成果上,Guido(2006)选取了家庭主妇、商场员工、学生等顾客进行访谈,最终确定购物动机的维度,包括交流维度、享受自己独处、决定的自由。

在Skinner(1969)和Tauber(1972)研究的基础上,Kaur and Singh(2007)编制出印度青少年购物动机量表,主要包括享乐购物动机、同龄群体吸引、市场行家、功利购物动机、地位意识、消遣购物动机、冲动购物动机、经济购物动机八个维度。

Choi等(2008)调查访问了中国内地游客在中国香港地区的购物行为,特别是试图确定游客对时尚物品和购物行为的最终偏好。在136名调查对象中,约43%的人在时尚产品上花费了1000—1999元人民币,他们最喜欢的购物场所是百货公司和服装连锁店。中国内地游客寻求品牌产品,是为了尽量减少可获得的信息有限带来的不安,而且他们往往会在不熟悉品牌的情况下购买此类商品。在决策风格方面,中国内地游客更倾向于依靠朋友或家人一起购物。然而,到美国旅游的中国内地游客的购物行为与到中国香港地区的游客略有不同。Xu and Mc(2012)的研究显示,中国游客对各种商品,从古董手表、珠宝到保健品都有极大的兴趣,而且不考虑品牌。值得注意的是,男性游客比女性游客对购物更感兴趣,这与传统观念相反。中国内地游客带来的不便之处是缺乏会说中文的销售人员,以及中国内地发行的信用卡接受度有限。Wang and Chan(2009)也提到了信用卡的使用,他们强调了上海出境游客支付方式不方便的问题。

Doong 等(2012)调查了飞机上购物的决定因素。根据中国台湾地区 212 位航空旅客的资料,享乐主义与功利主义动机正向影响乘客在飞机上浏览商品目录的意愿。然而,只有功利动机对购买意愿有贡献。Doong 等(2012)在以航空旅客为研究对象的研究中,认为购物是一种辅助活动,但他们承认购物可以成为旅行的动力。除了个别案例,大多数关于购物的研究都是在购物中心和街道上的零售店进行的。

Lin and Chen(2013)研究了航空乘客的购物动机和商业活动。研究在中国台湾桃园国际机场进行,共收集了 600 份样本。确定的主要购物动机为优惠的价格和质量、环境和沟通、文化和氛围,这与 Geuens 等(2004)和 Chung(2013)的研究结果相似。Lin and Chen(2013)评估了航空旅客购物动机与他们在机场受到时间压力和冲动购买倾向调节的商业活动之间的关系。结果显示,购物动机对航空旅客的商业活动有正向影响,时间压力和冲动购买倾向缓和了这种关系。

Correia and Kozak(2017)以 316 份中国内地游客在香港地区填写的问卷为基础,调查特定条件是否足以促使游客购买奢侈品。模糊集定性对比分析结果表明,情感依恋、时尚引领、威望敏感度和社会价值四种条件的结合足以影响游客购买品牌奢侈品。

Manoj(2017)通过探索性研究方法,来研究迪拜游客夜市购物行为,研究显示逛夜市的主要动机是在相对放松的环境中进行探索、休闲活动、购物体验和避免拥挤人群。许多游客喜欢夜间购物,以避免白天拥挤的人群,游客夜间购物的主要促进因素是交通设施和安全环境。研究还表明,随着游客数量的增加和城市购物机会的增加,夜间购物呈上升趋势。

2.6.4 购物旅游动机研究综评

从现有文献来看,目前国内外对购物和旅游等单项活动的动机研究较为成熟,在研究方法和变量维度各方面都有所进展,但将购物旅游作为一个整体,探讨其动机的专项研究相对较少。鉴于此,本研究观点如下。

(1)基于购物旅游活动不是单纯的娱乐性活动,其本身是一种消费行为,因此,本研究以霍华德-谢思消费行为理论为框架,结合其他成熟理论,进行购物旅游消费行为研究,符合购物旅游活动特点。

(2)在研究方法上,本研究采用定性和定量相结合的方法。这或许更有助于购物旅游消费行为的研究,尤其是深度访谈的运用很有必要,因为它们有助于发现更完整的无偏差的动机信息。

(3)综合学者对购物旅游动机维度的研究,针对澳门新八佰伴购物旅游节的游客大部分为折扣消费者的特点,本研究借鉴 Kim and Jin(2003)的观点,在其研究成果基础上,结合深度访谈研究成果,最终拟将购物旅游动机分成三个维度进行研究,即转移、社交和功利。

2.7 购物旅游感知价值文献回顾

2.7.1 感知价值的概念及研究进展

感知价值的概念较为抽象(见表 2-14)。

表 2-14 文献对感知价值内涵的界定

来源	定义
Zeithaml(1988);Ulaga and Chacour(2001);Oh and Jeong(2004);Petrick(2004);Tam(2004);白长虹(2001)	顾客根据所得与所失对产品效用的总体评价。
Dodds 等(1991);Mazumdar(1993,1999);Heinonen(2004);董大海等(2005)	所得与付出之间的权衡。
范秀成和罗海成(2003)	消费者感知价值=f(所得、付出)=f(功能、情感、社会)
邓举青(2021)	消费者价值感知带有强烈主观色彩。
Monroe and Chapman(1987);Lapierre(2000);McDougall and Levesque(2000)	利益与付出间的差距。
Anderson 等(1993);Sirohi 等(1998);Mc and Levesque(2000);Bolton and Drew(1991);李扣庆(2001)	感知价值是顾客得到的与所有成本(购买的货币和非货币成本)相联系的结果或利益。

续表

来源	定义
Holbrook(2006)	互动性的、相对性的(比较性、个性化和情境性)的偏好和体验。

资料来源:本研究整理。

Zeithaml(1988)认为,从消费者角度看,感知价值的概念具有多重性。Lai(1995)指出,对研究者而言,感知价值具有多重意义。Woodruff and Gardial (2004)同样指出,业界人士也认为感知价值具有概念多样性。

Bowman and Ambrosini(2000)认为,从经济性角度考虑,顾客通过购买消费产品获得自身的满足。Martinez and Bititci(2006)的研究显示,边际效用和顾客价值理论有很大的关系,从"权衡(trade-off)"的视角出发,价值就是顾客消费自己的财产,最大限度地从产品中得到满足。Payne and Holt(1999)认为,Martinez and Bititci(2006)的观点相对简单,但也提供了后续研究的基础。关于感知价值理论的根源,Payne and Holt(2001)的探究有所涉及,指出产品理论、消费者价值理论、顾客满意和服务质量均可以作为感知价值的理论渊源。

Payne and Holt(2001)的研究认为,感知价值(Perceived Value,PV)其实是消费者对商家给予的价值的判断和感知。Gallarza and Gil(2006)从行为角度出发,认为消费者价值与感知价值具有同样的内涵。Zeithaml(1988)、Holbrook (1996)、Noble等(2005)的研究均指出,消费者评价过程的结果便会产生感知价值,消费者关心的是产品的潜在利益与成本,最好此类产品和服务能够提供最大的整体价值。基于先前的研究,Noble等(2005)提出了三个假设:消费有明确的目标、顾客对产品的实际效用有所比较、顾客明确知晓自身需求。

Zeithaml(1988)关于感知价值理论的研究具有基础性贡献,其研究证实了消费对感知价值的四种定义:一是价值等同于价格,意味着追求消费者剩余;二是价值与所获得的利益相关,关注自己的所得;三是价值就是所购买的产品质量,意味着权衡;四是价值是消费者所有的付出与获得。因此,将感知价值定义为在商品整体评估基础上,顾客的所得与所失,所得包括服务或商品的内外部属性以及一些抽象化的商品属性,所失包括价格、时间和精力等货币或非货币因素。这意味着感知价值是"得到"和"付出"之间的一种权衡。Duman and Mattila(2005)、Gallarza and Gil(2006)等学者普遍赞同并认可这一定义,并且进行了广泛的实证运用。

学者范秀成和罗海成(2003)从总体角度和比较角度对消费感知价值进行了分类。前者以Sweeney and Soutar(2001)的研究为代表,后者主要有Zeithaml

(1988)等学者,同时他们也做了一些开创性的融合,用函数来对感知价值的概念进行确定:消费者感知价值＝ƒ(所得、付出)＝ƒ(功能、情感、社会)。邓举青(2021)认为,消费者价值感知带有强烈主观色彩,受个人因素和情境因素的影响,不同消费者对同样的市场提供物会有完全不同的价值感知。李伟卿、池毛毛和王伟军(2021)指出,感知价值是消费者对产品质量、性能与购物过程的便利性、愉悦性,以及消费目标的总体评价,这能够很好地解释与预测消费者偏好和购买行为。

Woodruff and Gardial(2004)从另外一个角度对感知价值进行了定义,其研究表明,消费者感知价值是基于对商品或服务的体验,并不是商品本身所固有的。Holbrook and Woodruf(2005)也认为,互动体验才是感知价值的属性,包括在消费过程中的感觉、满意以及乐趣等。

总体而言,消费者感知价值是一个较为主观的概念,是基于对所得与所付出之间的权衡,所得主要包括商品的实质和服务属性、技术支持属性以及内心的感受,付出的感知主要是指消费者支付的金钱或非货币化的成本。

2.7.2 购物行为感知价值维度研究

在消费者感知价值的前期研究中,学者们基于顾客对感知价值的理解是无差异化的,主要关注单维量表。而实际上,感知价值是一个非常具有主观意识的概念(Zeithaml,1988),所以单维量表缺乏效度,且研究的前提也不太被认可。因此,学者们的研究视角由单维转向多维。

Sweeney and Soutar(2001)开发了一个耐用品感知价值量表,称为PERVAL。该量表基于Sheth等(1991)提出的六个消费价值维度。通过焦点群过程,排除了认知价值和条件价值的无关性,代之以功能价值的两个子成分。最后的PERVAL量表由四个不同的维度组成:情感价值、社会价值、功能价值(质量/性能)、价格价值(价格/物有所值)。

Yeung等(2004)调查了游客最喜欢的购物目的地。该研究调查了309名国际游客对中国香港和新加坡的购物预期以及对这两个城市的看法。研究显示,新加坡在销售人员的语言能力、销售人员的态度、橱窗展示、店铺的整洁和清洁、店铺的灯光和物理设置、付款方式的选择、产品的可靠性和销售人员的效率等方面都优于中国香港。然而,与新加坡相比,在产品价格、商店可达性、物有所值、产品选择的多样性、商店营业时间和产品的可获得性等方面,游客对中国香港的看法更为积极。

Yuksel(2004)对购物体验进行了研究，认为游客追求的是愉快而实用的购物体验，其特征是内在的满足、感知的自由和参与。这项研究基于 729 名土耳其游客。研究结果还表明，即使游客没有真正购物，这种行为也能带来快乐。Yuksel(2004)和 Yuksel(2007)对游客购物感知价值的研究更深入地考察了游客购物感知价值的视角。此外，他们调查了购物风险感知。从土耳其收集的 259 份可用样本中，详细评估了购物风险感知对游客情感、满意度和表达忠诚意愿的影响。结果表明，购物风险感知与游客情绪(愉悦感和兴奋感)呈负相关，即感知风险越低，游客满意度越高，忠诚度越高。

　　Sanchez(2006)等开发了一个衡量购买旅游产品体验中感知价值的量表，称为 GLOVAL。与传统的测量量表不同，GLOVAL 测量的是两种消费体验的感知价值，即消费体验(与旅行社的互动)和购买体验(旅游产品的功能价值和价格)。在 PERVAL 的基础上，Sweeney and Soutar(2001)进一步确定了功能价值的组成部分，如价格、产品质量、与旅行社人员的互动(专业)和旅行社(设备)。与此同时，Petrick(2002)由于无形产品和服务具有无形性、不可分割性、易腐性、可变性等特点，提出了一种新的衡量无形产品和服务感知价值的量表。基于 Zeithaml(1988)的服务理论模型，Petrick(2002)得出的 SERVR-PERVAL 量表包括行为价格、货币价格、情绪反应、质量和声誉。李伟卿、池毛毛和王伟军(2021)认为，感知价值通常包括质量价值、价格价值、情感价值、社会价值及服务价值五个维度。

　　购物旅游需要在旅行中购买产品，PERVAL 最初是为了测量耐用品的感知价值而开发的(Sweeney and Soutar，2001)。由于大多数的购物项目都是有形的物品，比如衣服、鞋子和配饰，所以 PERVAL 被认为是一个较为合适的顾客购物感知价值测量尺度。PERVAL 启用了对情感价值(例如购物之旅让我快乐)、社会价值(例如购物之旅让我感到被同龄人接受)以及购物之旅中功能价值的子组件的探索，并且 PERVAL 在旅游、零售和消费者研究中得到了广泛的应用和验证。基于此，本研究拟主要采用 PERVAL 量表来衡量顾客购物感知价值，再综合旅游行为感知价值维度的成熟研究成果，最终形成购物旅游感知价值的测量量表。

2.7.3　旅游行为感知价值维度研究

　　近年来，关于旅游行为感知价值维度的研究成果较为丰富(见表 2-15)。Lee(2007)将游客感知价值分为三类，包括整体的价值、功能方面的价值和情感上的价值,并且进一步对韩国非军事区(DMZ)开展研究,证实在目的地满意度方面,整体价值影响最大,功能和情感价值稍弱。中国学者黄颖华和黄福才(2007)、李文兵(2011)、周玮等(2012)、王莉等(2014)、吴家豪(2021)分别建立了中国内地赴中国香港游客、古村落、城市公园、湿地公园、中国澳门美食的旅游者感知价值模型。

表2-15 旅游行为研究领域的感知价值维度

来源	维度	研究情景
Lee(2007)	整体、功能、情感	韩国DMZ旅游
Sanchez(2006)	功能价值、情感价值、社会价值、旅游代理功能价值(设备)、旅游代理人员联系的功能价值(专业性)、购买旅游产品包装的功能价值(质量)	购买地旅游产品
Petrick and Backman(2002)	质量、情感反应、货币价值、行为价值、盛誉	高尔夫旅游
Chen(2010)	质量、情感反应、货币价值、行为价值、盛誉	遗产地旅游
Gallarza and Saura(2006)	正面感知维度:效率、美学、服务质量、玩乐、社会等与收益有关 负面感知维度:感知风险、付出的时间、货币价格和努力	大学生旅游行为
黄颖华和黄福才(2007)	感知质量、情感价值、社会价值、感知经济成本、感知非货币成本	中国内地赴中国香港游客
李文兵(2011)	社会价值、认知价值、感知成本、情感价值、旅游资源本体感知、服务接待体验感知	古村落 (湖南岳阳张谷英村)
周玮等(2012)	环境价值、休闲价值、文化价值、感知价值、服务价值	城市公园 (南京中山陵)
王莉等(2014)	环境价值、特色价值、服务价值、管理价值、知识教育价值、成本价值	湿地公园 (西溪和溱湖)
吴家豪(2021)	情感价值、认知价值、产品价值、服务价值、形象价值	中国澳门美食

资料来源:本研究整理。

2.7.4 购物旅游感知价值研究综评

感知价值是购物旅游活动后消费者的必然心理结果,也是购物旅游活动能否可持续发展的重要支撑。正面的感知价值,可以促进购物旅游活动可持续发展,提高消费者的满意度和忠诚度等正面积极的行为意向。综合以上文献,本研究观点如下。

(1)国内外学者都开始关注感知价值对购物旅游活动的重要性,并对购物和旅游活动的感知价值维度进行了研究,这些研究是提高消费者正面感知价值的重要推手。

(2)结合购物旅游的特点,本研究借鉴 Dodds 等(1991)的观点,将购物旅游感知价值定义为消费者在购物旅游行为中,购买和使用产品的整个过程中,对所获得的效用与所付出的成本的权衡或比较。

(3)购物旅游需要在旅行中购买产品,大多数的购物都是有形的物品,比如衣服、鞋子、化妆品和配饰,而 PERVAL(Sweeney and Soutar,2001)被认为是一个较为合适的购物旅游感知价值测量尺度,并且 PERVAL 在旅游、零售和消费者研究中得到了广泛的应用和验证。基于此,本研究以 PERVAL 对购物旅游感知价值维度的研究为基础。同时,由于购物旅游活动涉及很多无形服务,综合旅游行为感知价值的成熟研究成果,本研究认为购物旅游感知价值维度应该包含情感价值(例如购物之旅让我快乐)、社会价值(例如购物之旅让我感到被同龄人接受)、功能价值(包括质量性能和物有所值)以及服务价值,最终形成购物旅游感知价值的测量量表。

2.8 行为意向文献回顾

2.8.1 行为意向的概念及研究进展

关于行为意向(Behavioral Intention,BI)的研究,早期国内外学者主要集中在心理学。随着商业管理以及消费者行为学的兴起,关注于顾客购买行为或者意图的行为意向研究逐步成为焦点。

Fishbein(1975)指出,行为意向主要是个体的一种主观倾向。Engel(1977)的研究表明,消费者的心理决策程序意味着行为意向。Ajzen and Fishbein(1980)指出,行为意向是一种可能性,发生于消费行为之前,属于必然要经历的一个决策过程。Fishbein(1996)的研究表明,通过关注行为倾向或意向,可以预测顾客的某种行为。Harrison(1997)认为,行为意向是"自觉从事某种行为的计划性强度"。Baker and Crompton(2000)将行为的预测指标等同于行为意向。Bemard(2000)认为,行为意向是一种态度,主要发生于采取某种行动之前,也会被视为一种推测。Chen and Hsu(2007)从旅游者角度,指出行为意向主要包括重游和推荐两类行为倾向。表2-16为不同学者的行为意向的概念汇总。

表2-16 行为意向的概念汇总

来源	定义
Ajzen and Fishbein(1980)	消费行为意向是指人们选择消费行为方式的可能性。
Engel 等(1995)	在消费后,消费者对产品、活动的某种行为倾向。
Baker and Crompton(2000)	行为意向是行为的预测指标。
杨素兰(2004)	行为意向是一种整体感官享受,发生于消费过程中和消费后。
Chen and Hsu(2007)	行为意向主要包括重游和推荐两类行为倾向。
周丽萍(2012)	行为意向指消费者的主观感知,即从事某种行为的倾向。
郭倩倩、胡善风、朱红兵(2013)	旅游意向指消费者对乡村旅游行为产生的倾向。
徐龙杰(2015)	消费行为意向包括重购意愿、推荐及宣传动机。
王均宇(2019)	行为意向指消费者对于购买商品想法的强烈程度。

资料来源:本研究整理。

中国学者对行为意向也进行了深入研究。郭佳和陈晓东(2009)认为,行为意向可以用忠诚来表示,是游客对目的地的感知。其中,行为倾向性表现为义务宣传的责任感,态度倾向性则表现为信任。曹文萍和徐春晓(2014)创新性地提出了"趋近行为",是基于某类环境,游客期望停留以及再次光顾的愿望。徐龙杰(2015)指出,消费行为意向主要包括重购意愿、推荐及宣传动机。王均宇(2019)指出,消费者购买行为意向是指消费者对于购买商品想法的强烈程度。

2.8.2 行为意向维度研究

国外学者对行为意向维度的研究起步较早,研究成果也比较丰富。Westbrook(1987)指出,行为意向主要是满意度、口头传播行为、重复购买计划和投诉行为等。Parasuraman 等(1994)认为,行为意向有正向、负向两个方面。部分学者研究证实行为意向包括五个维度,分别是忠诚度、品牌转移、支付行为、外部抱怨、内部抱怨。Baker(2000)和 Athanass(2001)关于顾客行为意向维度的研究,主要集中在对价格的敏感性。Wirtz and Chew(2002)研究认为推荐是一种积极的宣传信号,对企业来说意味着潜在的消费者,这类积极的购后行为也能够为潜在消费者进行消费选择时提供讯息。

中国学者对行为意向维度的研究多借鉴国外成熟的研究成果,在旅游消费者(游客)行为意向研究领域,产生了大量实证分析研究成果,行为意向的研究逐渐丰富,呈现出多元化的特征。

国内外学者有关行为意向的维度研究汇总如表 2-17 所示。

表 2-17 行为意向的维度研究汇总

来源	维度
Westbrook(1987)	满意度、口头传播行为、重复购买计划、投诉行为
ZBP(1996)	忠诚、支付、内外部反应
Cronin(2000)	重购、推荐
Haemoon(2000)	会做同样的选择
罗晓光和于立(2007)	反馈、再次购买
粟路军(2010)	重游倾向、口碑宣传、寻找替代旅游地
赵维庆(2014)	购买意向、推荐意向
敖娇(2014)	重复购买意向、交叉购买意向、价格忍耐力
韩春鲜(2015)	重游意向、推荐意向
谢婷和刘爱利(2016)	选择意向、支付意愿、口碑传播

资料来源:本研究整理。

2.8.3 行为意向研究综评

作为一个结果变量,国内外学者对行为意向的研究较为深入,在购物旅游行为意向研究等方面均有所成果。因此,本研究观点如下。

(1)对于行为意向的概念,本研究借鉴 Engeletal(1995)的观点,认为行为意向是一种倾向,通常发生在消费行为之后,对于已经发生行为的看法。

(2)通过文献回顾及分析,鉴于口碑在购物旅游消费行为中的关键作用,本研究认为重复购买、口碑宣传是行为意向的两个重要维度。

2.9 本研究各变量之间的关系

2.9.1 目的地形象与购物旅游动机、购物旅游感知价值的关系研究

目的地形象的研究起步较早,在旅游学中属于热门的研究领域。Hunt(1975)的研究发现,目的地形象与游客数量有着显著的关系。La and Cormier(1977)较早关注到目的地形象和游客决策的关系。因此,对于旅游者的目的地选择过程来说,旅游目的地的形象有着非常重要的作用。Goodrich(1978)指出,旅游动机深受偏好度的影响,而这又直接与目的地形象有关。Gartner(1993)、Chen and Kerstetter(1999)和 Jenkins(1999)均指出,对目的地形象的研究可以深入知晓游客的感知情况和决策程序。

近年来,国外学者持续关注目的地形象、动机和感知价值的关系。Lee and Lee(2011)认为,旅游目的地的外部整体环境可以影响购物目的地的整体形象和可获得的商品,目的地购物的整体形象会刺激或抑制游客的购物欲望,而目的地提供的商品将直接影响游客的购物倾向和偏好。Phau and Shanka(2014)的研究也证实,目的地形象在决策中起着至关重要的作用。Harun 等(2018)以马来西亚沙巴东南岸为研究对象进行研究,发现目的地形象的三个维度(旅游环境、自然吸引物、娱乐事件)对重游意愿有显著的影响,感知风险对游客的重游意愿并不重要。Mashwama 等(2019)采用定量方法,以目的地形象为预测因子,以满意度、对目的地的态度、对目的地的信任为中介,以行为意向为结果,通过建立一个假设模型进行定量分析,研究证实大多数游客对斯威士兰持积极态度,并愿意推荐它作为一个旅游目的地,结果显示目的地形象与满意度之间存在着积极而显著的关系,满意度正向影响游客对目的地的信任和对目的地的态度,从而确定

潜在游客在斯威士兰的行为意向的前因变量。

随着旅游业的快速发展,中国也有部分学者开始从认知和情感两个维度对目的地形象进行研究。陶玉国(2009)的研究发现,旅游资源认知和旅游服务认知对旅游意愿产生作用,旅游的服务感知和对目的地的评价及旅游意向受到不同地区特点及居民素质的影响。王亮(2009)认为,目的地形象和游客信任之间有明显的关系。贺爱忠和李钰(2010)通过研究商铺形象和品牌信任的关系,表明形象直接影响信任度,进而影响到购买意向。张宏梅(2011)认为,认知形象、情感形象、总体形象之间有着复杂的影响关系。王纯阳(2013)的研究也表明,认知形象、情感形象、旅游动机和旅游期望之间有显著的影响关系。

所以,本研究基于霍华德-谢思消费行为理论模型,从目的地形象角度出发,提出以下假设。

H1:目的地形象对购物旅游动机产生显著影响。

H2:目的地形象对购物旅游感知价值产生显著影响。

2.9.2 目的地信任与购物旅游动机、购物旅游感知价值的关系研究

Kennedy等(2001)认为,顾客对商场售卖人员和厂商的信任,可以提高顾客进一步交往的意愿。Gordon(2002)的研究显示,顾客和组织之间关系的维护有赖于信任的建立。McKnight(2002)指出,信任、购买意向和分享信息之间有着密切的关系。Johnson and Grayson(2005)认为,认知和情感方面的信任可以促进顾客与供应商之间产生正向的关系。卢峰华(2005)的研究充分显示信任和购买之间有着强烈的影响关系。刘春济(2013)的研究也证实信任与高铁乘客乘车意愿之间有着密切的关系。

旅游目的地的信任,同样引起了广大学者的研究兴趣。谢礼珊、韩小尝和顾赞(2007)的研究充分表明信任与游客满意度、忠诚度、重游之间关系密切。另外一些学者的研究也证实信任对游客满意度、推荐意愿以及重游意向有着显著关系。孙治和包亚芳(2009)通过"刺激-反应"理论,也证实信任与游客的总体评价之间有着显著关系。Choi and Law(2016)研究了购物目的地信任是购物旅游者感知价值的先导因素,证实目的地信任对购物旅游感知价值的各个维度(情感价值、社会价值、功能价值)都有积极影响。

所以,本研究基于霍华德-谢思消费行为理论模型,从目的地信任角度出发,提出以下假设。

H3:目的地信任对购物旅游动机产生显著影响。

H4：目的地信任对购物旅游感知价值产生显著影响。

2.9.3　企业品牌认同与购物旅游动机、购物旅游感知价值的关系研究

很多学者的研究成果都证实，企业品牌认同与一些消费行为之间有重要关系：一类如重复购买意愿、消费者满意度、品牌承诺（Donavan，2006；Tuskej，2013；Yohaha and Arga，2012）等；另一类是角色外行为，比如，口碑传播（Algesheimer，2005；Alaa，2012；Bhattacharya and Sen，2003；Harrison，2001）、消费者品牌原谅（Lam，2009）、抵制负面信息（Alaa，2012）等。

Kim（2001）、Kuenzel and Halliday（2008）、Nicola（2012）、Alaa（2012）等学者的研究证实，品牌认同与忠诚度、口碑传播有直接关系。He and Li（2011）认为，品牌认同与忠诚有很大关系，其中满意度扮演了重要的中介角色。Yohana and Arga（2012）的研究显示品牌认同、口碑传播和品牌承诺之间关系密切。

部分学者则尝试直接研究证实品牌认同和动机及感知价值之间的关系。Belen（2001）的研究显示，品牌认同（个人、社会）与购买意向、口碑、推荐之间关系密切。Cornwell and Coote（2008）认为，顾客认同和购买意向之间有正向关系。Kuenzel and Halliday（2010）认为，顾客对品牌的认同与重购、推荐、口碑之间有着显著关系。姚曦和李娜（2018）通过对"一带一路"共建国家的来华留学生调查研究，证实品牌认同对品牌购买可能性具有正向显著作用。王洁和张晓霞（2018）以便利店为研究对象，实证分析了便利店品牌认同对消费者购买意愿的影响机理。

根据以上分析，本研究基于霍华德-谢思消费行为理论模型，从企业品牌认同角度出发，提出以下假设。

H5：企业品牌认同对购物旅游动机产生显著影响。

H6：企业品牌认同对购物旅游感知价值产生显著影响。

2.9.4　感知促销利益与购物旅游动机、购物旅游感知价值的关系研究

促销方式的不同与顾客对促销利益的感知有很大关系，现金折扣、赠品、返券对顾客的感知促销利益的影响呈递减趋势。Dodds（1991）认为，顾客产生购买意愿的决定因素是购买商品时的感知利益和感知成本之差价，当两者正向关系时，顾客便会产生较强的购买意向。Della等（1992）的研究发现，价格的微弱变化对顾客的购买意愿影响不大，只有当15%、30%、40%和50%等大幅度的促销力度出现时，才会显著影响顾客的感知节省，进而影响动机和感知价值。

Gupta and Cooper(1992)指出,Della 等(1992)的研究结果之所以会有这样的差异,主要在于顾客低估了价格折扣,且这种低估会随着促销幅度的变化而变化。Alba(1994,1999)的研究也证实促销的力度和顾客感知之间有着显著关系,促销力度的大小直接影响到顾客对产品价格的感知。Alrawadieh 等(2019)通过访问约旦佩特拉的国际旅行者,对 27 个半结构化访谈收集了定性数据,分析表明,为了获得更大的销售额而过度骚扰游客会对游客的支出水平产生负面影响。也就是说,当受到过度骚扰时,游客的感知促销利益会随之下降,不太可能再愿意购物。中国学者胡珊珊(2011)认为,对促销利益的感知和购买意向之间存在显著关系,较高的促销利益使得顾客有更大的购买意愿。

所以,本研究基于霍华德-谢思消费行为理论模型,从感知促销利益角度出发,提出以下假设。

H7:感知促销利益对购物旅游动机产生显著影响。

H8:感知促销利益对购物旅游感知价值产生显著影响。

2.9.5 购物旅游动机与购物旅游感知价值的关系研究

动机的不同会产生不同的旅游预期,从而影响游后感知,研究分析不同种类旅游动机会显著提高游客的购物旅游感知价值。当前中国学者对这方面的研究较少,值得深入探讨。

旅游动机可以是个人的或推动的动机(包括个人培训、补偿、休息和知识),也可以是人际关系,还可以是由社会关系产生的牵引动机(Crompton,1979;Dann,1977;Yoon and Uysal,2005)。Dann(1977)将个人动机归类为那些使个人倾向于旅行的动机,例如逃离日常生活和渴望逃离孤独。根据 Correia 等(2007)的研究,人际动机来自通过旅行获得某种形式的社会认可的需要。Crompton(1979)提到了更具体和更直接的动机,可以指导游客选定旅游目的地。心理或社会动机(推动动机)会维持旅行的欲望,拉动动机影响旅行决策,并与目的地的特征相关(Lundberg,1990)。综上所述,个人动机(推动机)和目的地特征(拉动机)都会影响游客的感知。

王朝辉等(2011)指出,旅游动机与感知价值存在显著关系,包括服务、效用、感知价格、愉悦和美观等多方面。王心等(2015)的研究聚焦中国澳门地区,表明旅游动机显著正向影响感知价值和忠诚度。史坤博(2015)认为,大学生旅游动机会显著影响其对旅游地的形象感知评价。

因此,本研究提出以下假设。

H9:购物旅游动机对购物旅游感知价值产生显著影响。

2.9.6 购物旅游动机与行为意向的关系研究

关于旅游动机与行为意向的关系,Gnoth(1997)认为,游客动机与态度、情感、认知及行为之间关系密切。Huang and Hsu(2009)的研究发现,购物动机与中国内地赴中国香港地区的游客的重游行为关系紧密。中国学者刘力和吴慧(2010)认为,旅游动机、满意度与行为意向之间关系紧密,并用多元回归方法进行了科学验证。

因此,本研究基于实证文献归纳分析,从消费者购物旅游动机与行为意向角度出发,提出以下假设。

H10:购物旅游动机对行为意向产生显著影响。

2.9.7 购物旅游感知价值与行为意向的关系研究

Neal(1999)认为,顾客的忠诚和价值关系密切,而满意度的测量结果并不一定都是真实的想法,只有顾客感受到了真实的价值,才能转化为真正的忠诚。Chen(2019)以 15 名曾到访中国澳门地区的独立旅客,在出发前及出发后所接受的深度个别访问中收集的报告为研究依据,结果显示,游客对中国澳门地区的旅游目的地的印象,在旅游结束后,在与城市及其居民的接触后,变得更加丰富。对旅游目的地的游后积极评价,也就是游后感知价值,可以激发游客重新访问目的地,从而改变游客的行为意向。

中国学者董大海等(2003)的研究也证实,消费者感知价值影响行为意向,即感知价值是行为意向重要的前置因素,且重要性远高于满意度。

因此,本研究基于提出以下假设。

H11:购物旅游感知价值对行为意向产生显著影响。

2.10 研究模型与假设

根据本研究的研究目的,以及对文献的梳理可知,目的地形象、目的地信任、企业品牌认同和感知促销利益等刺激投入因素,购物旅游动机、购物旅游感知价值等心理活动过程,以及行为意向等购后反应之间存在相互影响的关系。因此,本研究提出以下研究模型图,如图2-7所示。

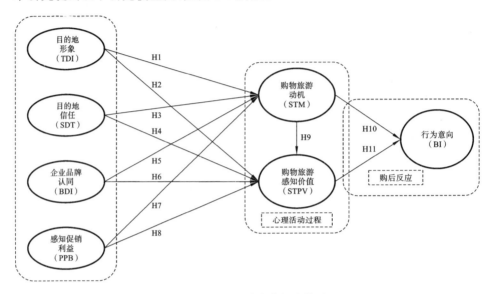

图2-7　购物旅游消费行为模型

购物旅游消费行为模型,是根据霍华德-谢思消费行为理论模型修正而来。在霍华德-谢思模型中,购买决策的前提是充分了解目的地信息和依据销售人员知晓商品信息,这同样也适用于购物旅游行为。因此,目的地形象和信任、企业品牌的认同和对促销利益的感知这些因素被视为霍华德-谢思模型中的投入变量,而购物旅游动机和感知价值恰是模型中的心理过程变量,即内部变量因素。同时,实证文献证实动机、感知价值与行为意向之间有相互关系,最终构建出涉及目的地形象(Tourist Destination Image,TDI)、目的地信任(Tourist Destination Trust,SDT)、企业品牌认同(Brand Identification,BDI)、感知促销利益(Perceived Promotional Benefit,PPB)、购物旅游动机(Shopping Tourism Motivation,STM)、购物旅游感知价值(Shopping Tourism Perceived Value,STPV)和行为意向(Behavioral Intention,BI)等七个变量之间相互关系的购物旅游消费行为模型。同时,在霍华德-谢思模型中,刺激因素是某些相对独立的因子,因此本研究也将目的地形象和目的地信任、企业品牌认同和感知促销利益等因素作为独立变量来考虑,并未进行相关性假设。总体而言,该模型是以霍华德-谢思消费行为理论为基础,并结合实证文献分析进行修正的研究成果。

根据此研究模型及上一章变量之间关系的研究,本研究提出以下假设。

H1：目的地形象对购物旅游动机产生显著影响。
H2：目的地形象对购物旅游感知价值产生显著影响。
H3：目的地信任对购物旅游动机产生显著影响。
H4：目的地信任对购物旅游感知价值产生显著影响。
H5：企业品牌认同对购物旅游动机产生显著影响。
H6：企业品牌认同对购物旅游感知价值产生显著影响。
H7：感知促销利益对购物旅游动机产生显著影响。
H8：感知促销利益对购物旅游感知价值产生显著影响。
H9：购物旅游动机对购物旅游感知价值产生显著影响。
H10：购物旅游动机对行为意向产生显著影响。
H11：购物旅游感知价值对行为意向产生显著影响。

2.11 本章小结

本章从回顾国内外消费者决策行为理论入手，对购物旅游消费行为研究进行全面分析，逐步得出霍华德-谢思消费行为理论非常适用于本研究的结论，并且拟定目的地形象、目的地信任、企业品牌认同和感知促销利益作为霍华德-谢思模型中的潜在投入变量因子。通过对目的地形象、目的地信任、企业品牌认同、感知促销利益、购物旅游动机、购物旅游感知价值、行为意向的文献回顾，探讨梳理出七个研究变量的概念和维度。通过对七个研究变量之间相互关系的文献回顾，最终建立起本研究的全部11个假设和基本理论模型，即购物旅游消费者行为模型，这为后续研究打下坚实的理论基础。

Chapter 3

3 定性访谈研究

根据文献回顾,前阶段研究初步确定了变量的基本概念和维度。在此基础上,本研究首先采用定性研究中经常使用的资料收集方法之一的深度访谈方法(in-depth-interview),研究探讨消费者对购物旅游节的真实态度,以及参与购物旅游节的动机、感知价值和行为意向,以此对比与文献研究中有关变量的维度,用以修正后续问卷量表。毕恒达等(1996,2002)认为,深度访谈方法采取面对面的形式,由访谈者和被访谈者(受访者)互动完成,是一种社会化的资料收集方法,访谈结果真实反映了社会互动的过程。

3.1 访谈对象

访谈对象来自2018年11月赴澳门新八佰伴购物旅游节的中国内地游客,年龄介于18—60岁,且以购物旅游为主要目的。访谈采取立意抽样(判断抽样),按照尽可能"信息饱和"的原则(廖星和谢雁鸣,2008),主要考虑访谈对象的性别、年龄、婚姻状况、受教育程度、职业、个人月平均收入,以及购物旅游节的消费支出、常住城市等限定性因素,总共访谈购物旅游消费者20名。

3.2 访谈提纲

研究者根据前期对变量的文献分析,初步设计出开放式的深度访谈提纲(见表3-1),再经过专家详细审阅。专家们一致表示访谈提纲比较科学,能够真实地反映购物旅游消费者对购物旅游节的真实态度,以及相关动机、感知价值和行为意向。

表3-1 访谈提纲

编号	访谈内容
1	您为什么会专程前往澳门新八佰伴购物旅游节购物?去那里购物有什么特别之处吗?

续表

编号	访谈内容
2	您在前往澳门八佰伴购物旅游节购物时是否已经有明确的采购目标？您为什么认为这些商品在澳门采购比较合适？
3	您在完成了澳门的购物之旅后，觉得在澳门八佰伴购物旅游节进行购物划算吗？为什么？
4	可否简单说说澳门在您心目中的形象？可否简单说说八佰伴这个购物商场在您心目中的形象？
5	您觉得在澳门八佰伴的购物旅游节进行购物有哪些收获？您是否会向家人或朋友分享在澳门八佰伴购物旅游节购物的经历？哪些经历或经验你最愿意分享？
6	未来您还会再次前往澳门购物吗？您还会再次参加澳门八佰伴购物旅游节吗？如果您再次前往购物，您有购物的计划吗？会叫上家人或朋友一道前往吗？

资料来源：本研究整理。

3.3 访谈过程

从2019年2月开始，正式进行前期深度访谈。由于访谈对象所处地区较为分散，整个访谈持续2个月，至2019年4月结束。本次访谈使用了线上和线下相结合的方法，对居住在距离澳门最近的城市——珠海的受访者采取线下面对面的方式，对居住在其他距离较远城市的受访者采取线上的方式。每位受访者访谈时间为15—20分钟，直到受访者回答的信息出现较多重复内容，不再提供新的信息时，则会终止访谈，因为此时已达到"信息饱和"的状态。对所有的访谈资料进行整理后，形成1万余字的文字记录材料（见附录1）。

3.4 数据收集与编码分析

本次访谈受访游客共计20人：15位女性、5位男性。首先，对访谈结果进行开放式编码。剔除与研究无关的词语，对与研究密切相关的信息进行提炼与总结，进行标签化，形成初步概念。进而，对所有初步概念信息进行聚类分析整理，提炼出对应的概念范畴。

访谈中字母A代表女性游客，字母B代表男性游客。A1代表女性中第一位受访者，以此类推，至A15；B1代表男性中第一位受访者，以此类推，至B5。后面的数字代表段落，01代表第一段，以此类推。如：NY-A1-01（NY是"New Yaohan"的缩写）。

3.4.1 高频词分析

使用ROST Content Mining 6.0软件进行分析，得到购物旅游节消费者深度访谈高频词统计（见表3-2）。

表3-2 购物旅游节游客深度访谈高频词表（前19位）

排序	词条	频数/次	备注
1	划算	21	剔除"不划算"
2	东西	20	
3	推荐	20	剔除"不推荐"
4	收获	17	
5	计划	16	
6	朋友	11	
7	便宜	10	剔除"不便宜"
8	八佰伴	7	
9	时间	6	
10	香港	6	
11	目标	5	

续表

排序	词条	频数/次	备注
12	牌子	3	
13	女朋友	3	
14	折扣	3	
15	城市	3	
16	保守	2	剔除"开放"
17	知名度	2	
18	家人	3	
19	交通	2	

资料来源:本研究整理。

通过分析表3-2,可得出如下结论。

(1)游客提及"划算"的词条,其频数高达21次,与"划算"意思接近的词条有两个:一是"便宜"(10次),二是"折扣"(8次)。这充分表明价格是影响购物旅游消费的重要动机之一。因此,在购物旅游动机的量表编制过程中,要考虑到"价格"因素。此类高频词访谈语句汇总如下。

"去那边购物比内地便宜很多,主要还是免税。"(NY-A1-02)

"听说那边折扣很大。"(NY-A2-02)

"澳门比香港便宜。"(NY-A3-04)

"划算,价格比内地便宜很多。"(NY-A4-06)

"我是那边的会员,有很多大的折扣。"(NY-A5-02)

"有啊,主要去买化妆品,这边比香港便宜很多。"(NY-A6-04)

"澳门那边的价格比较低。"(NY-A8-04)

"澳门的很多东西比香港便宜很多。"(NY-A12-02)

"划算,价格比内地便宜。"(NY-A12-06)

"购物节的时候超便宜。"(NY-B1-02)

"挺划算的。"(NY-B3-06)

(2)"东西"是口语化表述,相当于"商品"的意思,作为排在第二的词条,反映了消费者对商场提供众多种类商品的认可。在购物旅游动机维度分析和量表编制过程中,要重视"商品"因素的作用。此类高频词访谈语句汇总如下。

"听说八佰伴那边没假货,东西种类多。"(NY-A1-02)

"买到了很多东西,称心如意。"(NY-A1-10)

"挺有收获的,买了很多东西。"(NY-A2-10)

"八佰伴那边东西比较多,很集中,基本上能买全。"(NY-A3-02)

"这里的东西集中,一下可以买全。"(NY-A5-04)

"那边东西很全。"(NY-A7-04)

"八佰伴的东西比较丰富。"(NY-A9-02)

"没啥计划,主要还是这边东西全。"(NY-A11-04)

"比内地全,有很多进口的东西。"(NY-A13-04)

"都挺好的,商场不大,东西却很全。"(NY-B01-08)

"商场不错,东西全,人很多。"(NY-B02-08)

"有啊,买很多东西的。"(NY-B03-04)

(3)"推荐""收获"作为排在第三、第四的词条,反映了消费者购物后的感知价值比较高和一定的行为意向。因此,在购物旅游感知价值和行为意向的量表编制过程中,对于"获得感"和"推荐"意向要引起关注。此类高频词访谈语句汇总如下。

"挺有收获的,买了很多东西。会推荐。主要还是多比较下。"(NY-A2-10)

"收获很大的,买了很多东西。要推荐的,排队很长时间,要有技巧才行。"(NY-A5-10)

"货真价实,有收获的。要推荐。"(NY-A6-10)

"有收获,买了一些东西,内地买不到的。推荐吧。"(NY-A7-10)

"有收获,商场很诚信。推荐。"(NY-A9-10)

"收获很大,基本上买到想要的东西了。"(NY-A11-10)

"有收获,满足了购物欲望!要推荐的,打算明年还要来。"(NY-A12-10)

"收获很多。推荐啊。"(NY-B1-10)

"收获很大,折扣力度很大。要推荐。"(NY-B2-10)

(4)"计划"出现16次、"目标"出现5次,这表明消费者在行前有一定的促销需求,通过促销信息制订行前计划,因此,在感知促销利益的维度分析和量表编制过程中,要高度重视出行前的"计划"和购物"目标"。此类高频词访谈语句汇总如下。

"经验的话主要是要提前做好采购计划,要买的东西太多了。"(NY-A1-10)

"主要还是要做好计划。"(NY-A8-10)

"没有想具体牌子,大的种类还是计划了下。"(NY-B2-04)

"收获很大,买了很多东西,推荐啊。主要经验就是要做好计划。"(NY-B2-10)

（5）"朋友"作为第六位高频词，反映了出行购物旅游具有一定的社交功能。在购物旅游社交类动机的量表编制过程中，"朋友"可能会是较为重要的指标。此类高频词访谈语句汇总如下。

"和朋友一起去的，听说那边折扣很大，很多牌子内地没有卖的。"（NY-A2-02）

"要去，购物节看情况吧，主要时间太固定。没啥计划，和朋友一起去。"（NY-A2-12）

"看情况吧，主要还是时间。不一定，可能和朋友去吧。"（NY-A6-12）

"要去啊，做好计划，和朋友一起去。"（NY-A8-12）

"挺好的购物节，一定要去。没啥计划，和朋友一起去吧。"（NY-A13-12）

"看情况吧，有时间就去。会和朋友一起。"（NY-B4-12）

"不好说，到跟前再说吧，要去的话可能和朋友一起。"（NY-B5-12）

（6）"八佰伴"作为第八位高频词，表明消费者对于企业品牌的认同。在企业品牌认同的维度设计和量表编制过程中，"八佰伴"的品牌作用要引起足够重视。此类高频词访谈语句汇总如下。

"听说八佰伴那边没假货。"（NY-A1-02）

"八佰伴那边东西比较多。"（NY-A2-02）

"八佰伴知名度很高啊，在手机上看到过它的广告。"（NY-A4-02）

"八佰伴那边东西比较真，很多内地买不到，去那边购物朋友挺羡慕的。"（NY-A6-02）

"八佰伴的东西比较丰富。"（NY-A9-02）

"因为八佰伴名气很大啊，购物节的时候超便宜。"（NY-B1-02）

（7）"时间"作为第九位高频词，表明时间成本是消费者购物旅游的重要考虑因素之一，在购物旅游动机的量表编制过程中，可考虑将"闲暇时间"作为测量指标之一。此类高频词访谈语句汇总如下。

"要去，购物节看情况吧，主要时间太固定。"（NY-A2-12）

"看情况吧，主要还是时间。"（NY-A6-12）

"应该去，时间合适就参加购物节。"（NY-A10-12）

"看情况吧，有时间就去。"（NY-B4-12）

（8）"香港"作为第十位高频词，表明消费者经常将澳门与香港的目的地形象对比。在目的地形象维度设计和量表编制过程中，可以考虑将与"香港"目的地形象的比较作为重要的测量指标。此类高频词访谈语句汇总如下。

"城市挺好的，当地居民很开放。"（NY-A3-08）

"相对来说开放很多,对外地游客很友好。"(NY-A6-08)

"广东这边去澳门、香港都很方便,比出国方便。"(NY-A14-02)

"城市挺好的,当地居民很开放。"(NY-B3-06)

(9)"牌子"作为第十二位高频词,与"品牌"含义相近,表明消费者对商场提供多品牌商品的认可。与高频词"东西"类似,在购物旅游动机维度分析和量表编制过程中,要重视"商品"因素的作用。此类高频词访谈语句汇总如下。

"很多牌子内地没有卖的。"(NY-A2-02)

"牌子全,一下可以买到很多。"(NY-A13-06)

"很多国外的牌子。"(NY-B5-02)

(10)"交通"作为第十九位高频词,反映了消费者对目的地城市交通的重视程度。在目的地形象的维度分析和量表编制过程中,"交通"因素可以作为测量指标重点考虑。此类高频词访谈语句汇总如下。

"交通很方便,吃饭不方便。"(NY-A8-08)

"交通挺方便,不堵车。"(NY-B1-08)

为了更直观地观察购物旅游消费者对购物旅游节的真实态度,将表3-2转化为标签云图(见图3-1)。标签云图可以进一步直观地反映出消费者对购物旅游节的真实态度与价值取向。

图3-1　购物旅游节消费者深度访谈高频词条标签云图

3.4.2 情感倾向分析

本研究使用情感倾向分析工具(ROST Emotion Analysis Tool)开展分析,分析探讨文本所体现出的情感倾向性,包括正面、中等和负面,有关情感倾向标准来源于分析软件自有功能。根据分析结果,积极情绪占比为50.83%,消极情绪占比48.33%,其中中度消极情绪占到所有情绪的45.00%(见表3-3)。分析表明,消费者对澳门新八佰伴购物旅游节的满意度不高,可能会影响行为意向,尤其是较大比例的消极情绪反映了购物旅游节主办方有较大的提升改进空间,这也正是本研究的重要目的。

表 3-3 网络文本情感分析

类型	数量/条	占比/(%)
积极情绪	61	50.83
中性情绪	1	0.83
消极情绪	58	48.33
其中,积极情绪分段统计结果如下:		
一般:(5,15]	52	43.33
中度:(15,25]	9	7.50
高度:(25,+∞)	0	0.00
其中,消极情绪分段统计结果如下:		
一般:[-15,5)	4	3.33
中度:[-25,-15)	54	45.00
高度:(-∞,-25)	0	0.00

资料来源:本研究整理。

3.4.3 语义网络分析

使用ROST CM 6.0软件进行"语义网络分析",形成语义网络图(见图3-2)。

网络图中,线条疏密表示共现频率的高低。线条越密,表明共现次数越多,购物旅游消费者真实态度中相关因素之间的关联更加紧密。分析表明:

(1)文本总体上以"划算""朋友、种类""八佰伴"等为中心簇布,并且高频词

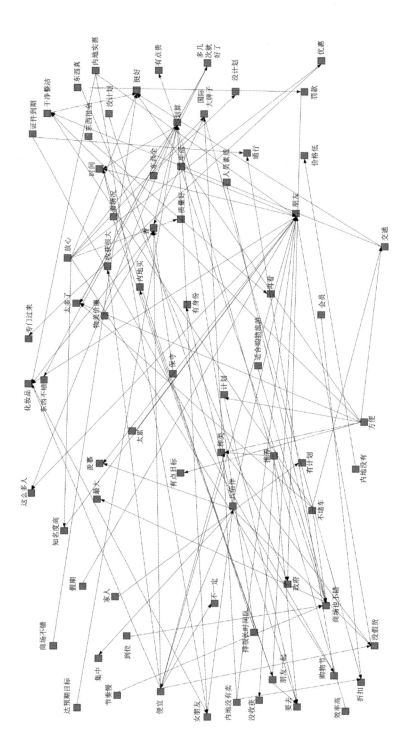

图 3-2 购物节游客深度访谈语义网络图

条之间高度紧密相关。

（2）"划算"受到很多因素的影响，包括"放心""香港"等，表明价格因素在消费者感知中的重要地位。

（3）"朋友"受到很多因素的辐射，比如"知名度""八佰伴""假期"等，反映了购物旅游的社交功能。

（4）"种类"辐射出的语义网络，代表了消费者对商品类型的需求，它和"便宜""方便""推荐"等密切相关。

3.4.4 编码过程

在前期开放式编码的基础上，通过高频词、情感倾向及语义网络分析等技术，共得到62个初始概念标签，并结合文献回顾，提炼出13个范畴（见表3-4）。

表3-4 开放式编码分析结果

范畴	初始概念
划算	NY-A4-06:划算,价格比内地便宜很多。
便宜	NY-A1-02:去那边购物比内地便宜很多,主要还是免税。 NY-A12-02:澳门的很多东西比香港便宜很多。
折扣	NY-A2-02:听说那边折扣很大。 NY-A5-02:我是那边的会员,有很多大的折扣。
东西	NY-A1-02:听说八佰伴那边没假货,东西种类多。 NY-A3-02:八佰伴那边东西比较多,很集中,基本上能买全。
八佰伴	NY-A4-02:八佰伴知名度很高啊,在手机上看到过它的广告。 NY-A6-02:八佰伴那边东西比较真,很多内地买不到,去那边购物朋友挺羡慕的。
牌子	NY-A13-06:牌子全,一下可以买到很多。
收获	NY-A5-10:收获很大的,买了很多东西。要推荐的,排队很长时间,要有技巧才行。
推荐	NY-A6-10:货真价实,有收获的,要推荐。 NY-B1-10:收获很多,推荐啊。
计划目标	NY-A1-10:经验的话主要是要提前做好采购计划,要买的东西太多了。 NY-B2-10:收获很大,买了很多东西。推荐啊。主要经验就是要做好计划。

续表

范畴	初始概念
朋友	NY-A2-02：和朋友一起去的，听说那边折扣很大，很多牌子内地没有卖的。 NY-A2-12：要去，购物节看情况吧，主要时间太固定，没啥计划，和朋友一起去。 NY-B5-12：不好说，到跟前再说吧，要去的话可能和朋友一起。
时间	NY-A2-12：要去，购物节看情况吧，主要时间太固定。 NY-A6-12：看情况吧，主要还是时间。
香港	NY-A3-08：城市挺好的，当地居民很开放。 NY-A6-08：相对来说开放很多，对外地游客很友好。 NY-A14-02：广东去澳门、香港都很方便，比出国方便。
交通	NY-A8-08：交通很方便，吃饭不方便。 NY-B1-08：交通挺方便，不堵车。

资料来源：本研究整理。

1）轴心式编码

根据开放式编码对 13 个范畴进行提炼，再次对开放式编码形成的范畴开展聚类分析，共形成 7 个更加具备概括性的主范畴（见表 3-5）。

表 3-5 轴心式编码分析结果

主范畴	子范畴	内涵
价格优惠	划算	来这里购物更省钱划算，便宜很多。
	便宜	
	折扣	
品牌价值	东西	商品种类丰富，能找到我需要的各种商品。
	八佰伴	
	牌子	
获得感	收获	来参加购物旅游节可以使我有很大的获得感。
	推荐	
出行前的需求	计划目标	该促销活动能让我更好地做好购物计划，使购物变得简单快捷。
社交内涵	朋友	朋友邀请一起去，享受融入集体的快乐。
时间成本	时间	有很多闲暇时间去购物。

续表

主范畴	子范畴	内涵
目的地	香港	同其他地方比较，当地人更加欢迎外地游客，对待外地游客更加友好。
	交通	

资料来源：本研究整理。

2) 选择式编码

选择式编码是编码的高级阶段，根据轴心式编码的结果，对 7 个主范畴进行高度概括和挖掘，形成能概括大多数的、具有统领价值的核心范畴。根据对原始数据、开放式编码、轴心式等各个层级编码进行分析，发现 7 个主范畴分别反映了目的地形象、感知促销利益、购物旅游动机、购物旅游感知价值 4 个核心范畴变量的感知状态。

3.5　分析结果

本研究通过对访谈取得的资料进行开放式编码、轴心式编码及选择式编码分析，共提炼出 4 个核心范畴、7 个主范畴，在价格优惠、品牌价值、获得感、出行前的需求、社交内涵、时间成本、目的地 7 个主范畴下，总共编制出 7 个题项。下一步，结合前期文献回顾分析，在后续研究中，可据本章研究结果对相关变量的维度和题项进行修订。

Chapter 4

4 研究设计

本章主要对量表设计、样本及抽样设计、问卷预测试及量表校验等问题进行详细的说明。

4.1 量表设计

本项研究运用问卷调查的方式进行调研。问卷调查是一种常用的调查工具,进行问卷调查时最重要的是设计调查的指标范畴。本项研究根据前文文献综述以及研究实际,设计出适于本研究的基于霍华德-谢思消费行为理论视角下的购物旅游者消费行为问卷。

量表设计首先对研究变量进行文献梳理,构建量表框架,其次开展深度访谈,提炼可能的研究问题,再次结合深度访谈结果和专家审阅意见,修订后形成初步的测量问卷,结合预调研结果,最后形成正式量表。

4.1.1 维度和基本构面组成

根据研究模型,综合上一章对各变量的文献回顾,初步搭建量表框架(见表4-1)。

表 4-1 初步量表框架

变量	维度	来源
目的地形象(TDI)	认知形象、情感形象	Boo(2009);Byon and Zhang(2010);Cheai and Tsai(2007);Iverson(2010);Martinez and Alvarez(2010);Qu(2011);Choi(2011)
目的地信任(SDT)	仁慈、诚信、能力、可预测性、声誉	Gefen and Straub(2004);Park,Gunn and Han(2012);M. Choi 等(2016)
企业品牌认同(BDI)	个人品牌认同、社会品牌认同	Underwood 等(2001);金立印(2005)

续表

变量	维度	来源
感知促销利益(PPB)	实用型感知促销利益、享乐型感知促销利益	Chandon 等(2000)
购物旅游动机(STM)	转移、社交、功利	Lotzet（1999）；Kim and Jin (2003)
购物旅游感知价值(STPV)	情感价值、社会价值、功能价值、服务价值	Sweeney and Soutar（2001）；Petrick(2002)
行为意向(BI)	重复购买、口碑宣传	Wang(2004)；Ryu 等(2008)

资料来源：本研究整理。

4.1.2 量表基本框架和测量问题

根据对变量的文献回顾研究，本研究初步设计了《澳门新八佰伴购物旅游消费行为调查问卷》的基本框架和测量问题。问卷量表设计采用李克特分制量表（Likert-type scale）7尺度量表进行测量，1—7依次递增，分别代表"非常不同意、不同意、比较不同意、无所谓、比较同意、同意、非常同意"。量表由目的地形象、目的地信任、企业品牌认同、感知促销利益、购物旅游动机、购物旅游感知价值、行为意向以及受访者基本资料八个部分，共计74题构成(7个变量共66题，受访者基本资料共8题)，详见表4-2。

表 4-2 量表基本组合

变量	维度和题项	标准
目的地形象(TDI)	认知形象、情感形象，2个构面，共计9题。	Likert-7
目的地信任(SDT)	仁慈、诚信、能力、可预测性、声誉，5个构面，共计15题。	Likert-7
企业品牌认同(BDI)	个人品牌认同、社会品牌认同，2个构面，共计6题。	Likert-7
感知促销利益(PPB)	实用型感知促销利益、享乐型感知促销利益，2个构面，共计6题。	Likert-7
购物旅游动机(STM)	转移、社交、功利，3个构面，共计12题。	Likert-7

续表

变量	维度和题项	标准
购物旅游感知价值(STPV)	情感价值、社会价值、功能价值、服务价值,4个构面,共计12题。	Likert-7
行为意向(BI)	重复购买、口碑宣传,2个构面,共计6题。	Likert-7
受访者基本资料	性别、年龄、婚姻状况、受教育程度、职业、个人月平均收入、购物旅游节的消费支出、常住城市8题。	刘满成等(2015);郑少华(2016)

资料来源:本研究整理。

第一部分,目的地形象量表基本结构如表4-3所示。

表4-3 目的地形象(TDI)量表

衡量构面	题项设定	来源
认知形象	(1)澳门有良好的交通、购物、娱乐等基础设施。 (2)澳门是一个非常安全的城市。 (3)在澳门购物信息很容易获取。 (4)当地人欢迎外地游客,对待外地游客十分友好。 (5)澳门的边检口岸入境程序高效顺畅。	Chon(1991);Echtner and Ritchie(2003);Beerli and Martin(2004);Nadeau等(2008);Martinez and Alvarez(2010);Qu(2011)
情感形象	(6)令人愉快。 (7)令人精神振奋。 (8)令人松弛。 (9)令人激动兴奋。	Son and Pearce(2005);Cheai and Tsai(2007);Whitney and Shambaugh(2008);Boo等(2009);Byon and Zhang(2010);Iverson(2010);Choi(2011)

资料来源:本研究整理。

第二部分,目的地信任量表基本结构如表4-4所示。

表4-4 目的地信任(SDT)量表

衡量构面	题项设定	来源
仁慈	(1)澳门零售商的行为符合我的最大利益。 (2)如果我需要帮助,澳门零售商会尽力帮助我。 (3)澳门零售商很关心我的满足和幸福。	Jarvenpaa等(1999);Gefen and Straub(2004);Park等(2012)

续表

衡量构面	题项设定	来源
诚信	(4)澳门提供的购物环境与广告宣传的环境一致。 (5)澳门的零售店雇员在与游客打交道时是诚实的。 (6)澳门的零售商店雇员道德素质水平很高。	Gefen and Straub(2004);Choi(2016)
能力	(7)澳门是购物之旅的最佳目的地。 (8)澳门的购物环境比其他目的地的更好。 (9)澳门比其他目的地更能满足购物需求。	Gefen and Straub(2004);Park等(2012)
可预测性	(10)当我去澳门购物时,我知道该怎么做。 (11)我总能正确预测澳门作为购物目的地的地位。 (12)澳门提供了一个稳定的购物环境。	Choi(2016)
声誉	(13)澳门作为购物的目的地有很好的声誉。 (14)其他人告诉我,澳门是一个购物之旅的可靠地方。 (15)澳门是一个方便购物的目的地。	Choi(2016)

资料来源:本研究整理。

第三部分,企业品牌认同量表基本结构如表4-5所示。

表4-5 企业品牌认同(BDI)量表

衡量构面	题项设定	来源
个人品牌认同	(1)符合我认同的消费价值观。 (2)符合我认同的生活方式。 (3)个性形象与我的个性形象相吻合。	Rio(2001);Underwood(2001);金立印(2005)
社会品牌认同	(4)能够展现我的社会地位。 (5)能够使我赢得他人的尊重。 (6)能够让我同不一样类别的人区分开来。	Rio(2001);Underwood(2001);金立印(2005)

资料来源:本研究整理。

第四部分,感知促销利益量表基本结构如表4-6所示。

表 4-6　感知促销利益(PPB)量表

衡量构面	题项设定	来源
实用型感知促销利益	(1)让我觉得很省钱。 (2)让我觉得以同样甚至更低的价格获得了质量更高的产品。 (3)该促销活动让我的购物变得简单快捷。	Chandon(2000)
享乐型感知促销利益	(4)使我觉得如果来购物旅游节消费表明我是个聪明的购物者。 (5)可以使我尝试购买新的品牌产品。 (6)让我很开心。	Chandon(2000)

资料来源:本研究整理。

第五部分,购物旅游动机量表基本结构如表 4-7 所示。

表 4-7　购物旅游动机(STM)量表

衡量构面	题项设定	来源
转移	(1)忘记日复一日的焦虑。 (2)恢复精神。 (3)向朋友倾诉烦恼。 (4)逃避日常生活。 (5)玩得开心。 (6)充满活力。	Dawson 等(1990);Lotzetal(1999);Kim and Jin(2003)
社交	(7)享受融入集体的快乐。 (8)观察陌生人。 (9)看清楚自己所处的社会阶层。	Kim and Jin(2003)
功利	(10)发现金钱的价值。 (11)找到我需要的各种品牌商品。 (12)来看看正在考虑购买的商品。	Kim and Jin(2003)

资料来源:本研究整理。

第六部分,购物旅游感知价值量表基本结构如表 4-8 所示。

表 4-8 购物旅游感知价值(STPV)量表

衡量构面	题项设定	来源
情感价值	(1)心情愉快,尽情享受购物乐趣。 (2)增进与亲人、朋友的感情。 (3)释放压力,获得心理上的舒畅感。	Kim(2015);Choi(2015); 陶长江等(2018)
社会价值	(4)感到被同龄人接受。 (5)结识其他一起参加活动的新朋友。 (6)与当地人互动,融入当地环境。	Deng 等(2011);马凌等 (2012);陶长江等(2018)
功能价值	(7)相对于路上所花的时间,购物旅游节是一项很值得参加的活动。 (8)相对于所花费的金钱,购物旅游节是很值得参加的活动。 (9)相对于其他节事活动,购物旅游节是很值得付出努力的活动。	Cheon(2016);Yang(2002); 陶长江等(2018)
服务价值	(10)便利获取购物时尚信息。 (11)享受商场工作人员的良好服务。 (12)体验安全有序的现场秩序。	Lloyd 等(2010);马凌 (2012);陶长江等(2018)

资料来源:本研究整理。

第七部分,行为意向量表基本结构如表 4-9 所示。

表 4-9 行为意向(BI)量表

衡量构面	题项设定	来源
重复购买	(1)以后还会来购物旅游节。 (2)会增加来购物旅游节的次数。 (3)愿意花更多的钱到购物旅游节消费。	Wang(2004);Ryu 等(2008)
口碑宣传	(4)愿意在他人前称赞该购物旅游节。 (5)愿意与他人分享购物旅游经验。 (6)愿意推荐他人来购物旅游节。	Wang(2004);Ryu 等(2008)

资料来源:本研究整理。

4.1.3 量表修订

根据定性研究分析结果,对量表进行修订如下。

1）目的地形象

在"认知形象"维度中，将原量表中的"当地人欢迎外地游客，对待外地游客十分友好"测量题项修改为"同其他地方比较，当地人更加欢迎外地游客"。修订后的目的地形象量表如表4-10所示。

表4-10 目的地形象(TDI)量表

衡量构面	题项设定	来源
认知形象	(1)澳门有良好的交通、购物、娱乐等基础设施。 (2)澳门是一个非常安全的城市。 (3)在澳门购物信息很容易获取。 (4)同其他地方比较，当地人更加欢迎外地游客。 (5)澳门的边检口岸入境程序高效顺畅。	Chon(1991)；Echtner and Ritchie (2003)；Beerli and Martin(2004)；Nadeau 等 (2008)；Martinez and Alvarez(2010)；Qu(2011)；前期访谈。
情感形象	(6)令人愉快。 (7)令人精神振奋。 (8)令人松弛。 (9)令人激动兴奋。	Son and Pearce(2005)；Cheai and Tsai (2007)；Whitney and Shambaugh (2008)；Byon and Zhang(2010)；Iverson(2010)；Choi (2011)

资料来源：本研究整理。

2）感知促销利益

在"实用性促销利益"维度中，将原量表的"该促销活动让我的购物变得简单快捷"测量题项修改为"该促销活动能让我更好地做好购物计划，使购物变得简单快捷"。修订后的感知促销利益量表如表4-11所示。

表4-11 感知促销利益(PPB)量表

衡量构面	题项设定	来源
实用型感知促销利益	(1)让我觉得很省钱。 (2)让我觉得以同样甚至更低的价格获得了质量更高的产品。 (3)该促销活动能让我更好地做好购物计划，使购物变得简单快捷。	Chandon(2000)；前期访谈

续表

衡量构面	题项设定	来源
享乐型感知促销利益	(4)使我觉得如果来购物旅游节消费表明我是个聪明的购物者。 (5)可以使我尝试购买新的品牌产品。 (6)让我很开心。	Chandon(2000)

资料来源：本研究整理。

3) 购物旅游动机

在"功利"动机维度中加入"来这里购物更省钱划算，便宜很多"和"有很多闲暇时间去购物"两项测量指标，将原量表中的"找到我需要的各种品牌商品"指标修改为"商品种类丰富，能找到我需要的各种商品"。在"社交"动机维度中，将原量表中的"享受融入集体的快乐"指标修改为"朋友邀请一起去，享受融入集体的快乐"。修订后的购物旅游动机量表如表 4-12 所示。

表 4-12　购物旅游动机(STM)量表

衡量构面	题项设定	来源
转移	(1)忘记日复一日的焦虑。 (2)恢复精神。 (3)向朋友倾诉烦恼。 (4)逃避日常生活。 (5)玩得开心。 (6)充满活力。	Dawson 等(1990); Lotzetal(1999); Kim and Jin(2003)
社交	(7)朋友邀请一起去，享受融入集体的快乐。 (8)观察陌生人。 (9)看清楚自己所处的社会阶层。	Kim and Jin(2003); 前期访谈
功利	(10)发现金钱的价值。 (11)商品种类丰富，能找到我需要的各种商品。 (12)来看看正在考虑购买的商品。 (13)来这里购物更省钱划算，便宜很多。 (14)有很多闲暇时间去购物。	Kim and Jin(2003); 前期访谈

资料来源：本研究整理。

4) 购物旅游感知价值

在"情感价值"维度中，加入"来参加购物旅游节，可以使我有很大的获得感"

一项测量指标。修订后的购物旅游感知价值量表如表 4-13 所示。

表 4-13 购物旅游感知价值(STPV)量表

衡量构面	题项设定	来源
情感价值	(1)心情愉快,尽情享受购物乐趣。 (2)增进与亲人、朋友的感情。 (3)释放压力,获得心理上的舒畅感。 (4)来参加购物旅游节,可以使我有很大的获得感。	Kim(2015);Choi(2015);陶长江等(2018);前期访谈
社会价值	(5)感到被同龄人接受。 (6)结识一起参加活动的新朋友。 (7)与当地人互动,融入当地环境。	Deng 等(2011);马凌等(2012);陶长江等(2018)
功能价值	(8)相对于路上所花的时间,购物旅游节是一项很值得参加的活动。 (9)相对于所花费的金钱,购物旅游节是很值得参加的活动。 (10)相对于其他节事活动,购物旅游节是很值得付出努力的活动。	Cheon(2016);Yang(2002);陶长江等(2018)
服务价值	(11)便利获取购物时尚信息。 (12)享受商场工作人员的良好服务。 (13)体验安全有序的现场秩序。	Vazquez 等(2001);Yuksel(2004);余向洋等(2008);马凌(2012);张涛(2008);Sheth(1991);Sweeney(2011);陶长江等(2018)

资料来源:本研究整理。

深度访谈使研究者更加深入地了解了消费者对购物旅游节的真实态度,以及参与购物旅游节的动机、感知价值和行为意向,通过对原量表进行修订,形成完整修订后的《澳门新八佰伴购物旅游消费行为调查问卷》。问卷由目的地形象、目的地信任、企业品牌认同、感知促销利益、购物旅游动机、购物旅游感知价值、行为意向以及受访者基本情况八个部分,共计 77 题构成(7 个变量共 69 题,受访者基本资料共 8 题)(详见附录 2)。

4.1.4 专家咨询审阅

本研究量表包括目的地形象(9题)、目的地信任(15题)、企业品牌认同(6题)、感知促销利益(6题)、购物旅游动机(14题)、购物旅游感知价值(13题)、行为意向(6题)、受访者基本资料(8题)。根据需求,本研究邀请了三位业界专家对初始量表进行咨询审阅,专家们一致表示问卷设计得比较科学,无需进行修改。

4.2 样本及抽样

4.2.1 研究对象概况

研究选取的对象是参加大型节事活动"澳门新八佰伴购物旅游节"的购物旅游者。新八佰伴购物旅游节是澳门规模较大的国际化购物旅游节事活动,由澳门新八佰伴公司主办,每年6月和11月各举办一天。自从2008年开始,已连续举办十多年,所有的商品在这一大都会以一个难以想象的低价出售,涵盖化妆品、衣物、食品、日用品,乃至家用电器。购物旅游节是新八佰伴每年的重点推广活动,也是澳门本地的一项盛事,每年的购物节均吸引海内外数万人次,人流从早到晚,络绎不绝,更有游客从内地专门乘坐飞机前来购物节(见图4-1)。有的顾客为买得便宜的"商品",一大早便于店外排队等候,是澳门难得一见的"墟坎"场面。多年来,购物旅游节为澳门新八佰伴公司带来了巨大的经济效益,极大地促进了澳门地区购物旅游行业的发展。

图4-1 澳门新八佰伴购物旅游节盛况

新八佰伴百货(见图4-2)位于澳门南湾商业大马路,1997年由于香港总公司歇业,其在澳门的业务结束,新八佰伴百货于同年12月19日开业,由香港信德集团及澳门旅游娱乐有限公司之附属公司经营。经营商品包括各类服装、家用电器、各类玩具、化妆品、家具、厨具等，商场内各类名牌商品一应俱全。

图 4-2　澳门新八佰伴 logo
图片来源：新八佰伴公司网站

4.2.2　研究样本

本研究的研究对象为参加澳门新八佰伴购物旅游节的购物旅游者，样本来源于对 2019 年 11 月亲赴澳门新八佰伴购物旅游节（VIP Day）消费的中国内地游客进行的问卷调查。发放问卷工作于 2019 年 11 月进行。

本次研究的纸质问卷发放选取的地点为澳门新八佰伴购物商场附近，问卷主要以现场发放和回收为主。同时，对已明确的部分样本群体进行网络问卷调查，回收之后去除无效问卷再进行整理统计和数据分析。

4.2.3　抽样方法

抽样方法是指从研究总体中选取一部分代表性样本的研究方法，对调查研究而言，抽样是非常重要的，反映了社会科学的复杂性。当前，学术界普遍认为，抽样方法包含概率抽样和非概率抽样两类。

1）概率抽样

概率抽样，也叫随机抽样，是从总体样本中随机地选取某一个个体，每个个体被选中的概率相等。概率抽样能得到不同特性个体的信息，还可以根据调研结果进行误差的预估和预测，但概率抽样同样也存在一些缺陷，比如调查费用较高、数据收集时间较长等。马尔霍特拉（2016）认为，概率抽样的具体方法有简单随机、等距、分层和系统抽样等，经常被用来对某个固定群体进行抽样调查。

2）非概率抽样

非概率抽样，是一种主观意愿比较强的抽样方法，不会遵守一些固定的原则。非概率抽样的特点很明显,如比较方便、成本较低、短时间内可完成调查,但也存在易受研究者主观意愿影响的不足。非概率抽样的具体方法主要有立意抽样、方便抽样、定额抽样、滚雪球抽样等(张彦和刘长喜,2016)。

本研究使用判断抽样(立意抽样),对目的地形象、目的地信任、企业品牌认同、感知促销利益、购物旅游动机、购物旅游感知价值和行为意向七个变量进行测量。根据学者们总结的研究标准,一个中型样本需要达到 200 份以上的样本数量,如果想求得最佳的分析数据,最好将样本控制在 200 份以上,这是因为影响一个良好因素模式的重要因素包括因素负荷量、变量数目、样本数量等(涂金堂,2012;吴明隆,2009)。鉴于此,本研究在以亲赴澳门新八佰伴购物旅游节,并以购物旅游为主要目的中国内地访澳游客中,抽取年龄在 18—60 岁具有代表性的样本进行问卷调查,共发放 500 份问卷。以 18—60 岁游客为调查对象的原因是参加购物旅游节且以购物旅游为主要目的的访澳游客中,绝大部分为成年人,且具有相当的经济实力,因而这部分样本具有代表性和研究意义。

本研究针对购物旅游消费者共设计了 1 套问卷,共设置 69 个基本题项,8 个个体特征题项,采用匿名方式进行调查。另外,考虑到调查对象全部来自内地的游客,问卷语言均设置为中文简体。

4.2.4 数据收集

本研究选取亲赴澳门新八佰伴购物旅游节现场、进行购物活动的中国内地游客为研究样本,于 2019 年 11 月 6 日购物旅游节当天发放问卷 500 份,最后收回问卷 493 份,问卷回收率为 98.6%。将空白问卷或答案呈现明显规律性特征的问卷剔除后,最终获得有效问卷 450 份,有效率为 91.3%。

4.3 量表预测试

2019 年 8 月,本研究开展了量表预测试。本研究量表中,目的地形象 9 个题项、目的地信任 15 个题项、企业品牌认同 6 个题项、感知促销利益 6 个题项、购物旅游动机 14 个题项、购物旅游感知价值 13 个题项、行为意向 6 个题项。基于此,本次预调研在以 2019 年 6 月赴澳门新八佰伴购物旅游节为主要目的的访澳游客中,根据吴明隆(2013)等学者的观点,本次研究共发放问卷60份,有效回收50份,有效回收率83.3%。

4.3.1 信度分析

信度分析如表4-14所示。

表4-14 信度分析

构面	Cronbach's α 系数	维度	Cronbach's α 系数
目的地形象 (TDI)	0.820	认知形象	0.913
		情感形象	0.862
目的地信任 (SDT)	0.702	仁慈	0.887
		诚信	0.942
		能力	0.899
企业品牌认同 (BDI)	0.789	可预测性	0.929
		声誉	0.914
		个人品牌认同	0.914
		社会品牌认同	0.875
感知促销利益 (PPB)	0.782	实用型感知促销利益	0.911
		享乐型感知促销利益	0.870
购物旅游动机 (STM)	0.900	转移	0.827
		社交	0.810
		功利	0.866
购物旅游感知价值 (STPV)	0.729	情感价值	0.874
		社会价值	0.809
		功能价值	0.904
		服务价值	0.881
行为意向 (BI)	0.859	重复购买	0.891
		口碑宣传	0.900
量表总的 Cronbach's α 系数			0.950

资料来源:本研究整理。

信度分析结果显示,量表中各题项间相关性良好,可以开展后续研究。

4.3.2 效度分析

效度是指有效程度,表示在多大程度上反映事物的准确性和真实客观性,测量的结果与事物越接近,则效度越差。效度分为内容效度、准则效度、结构效度三种类型。运用SPSS23.0分别对目的地形象、目的地信任、企业品牌认同、感知促销利益、购物旅游动机、购物旅游感知价值、行为意向量表进行KMO、Bartlett's球形检验。结果显示:KMO分别为0.783、0.710、0.736、0.729、0.886、0.713、0.746,均大于0.7,且sig.<0.001(见表4-15)。

表4-15 效度分析

变量	测项数量	KMO	Bartlett's球形检验		
			近似卡方	df	sig.
目的地形象(TDI)	9	0.783	265.266	36	0.000
目的地信任(SDT)	15	0.710	685.333	105	0.000
企业品牌认同(BDI)	6	0.736	179.465	15	0.000
感知促销利益(PPB)	6	0.729	178.124	15	0.000
购物旅游动机(STM)	14	0.886	3412.037	91	0.000
购物旅游感知价值(STPV)	13	0.713	439.394	78	0.000
行为意向(BI)	6	0.746	207.166	15	0.000

资料来源:本研究整理。

4.4 分析方法

本项研究的分析方法主要包括信效度分析、相关性分析、EFA、CFA,以及SEM等,所使用的软件主要有社会科学统计软件包(SPSS23.0),以及SEM软件AMOS24.0。通过一系列技术分析方法,达到探讨验证本研究理论假设的目的。

4.5 本章小结

本章重点开展基于霍华德-谢思消费行为理论的购物旅游消费行为调查问卷设计工作,试图从行为之间的关系视角深入研究购物旅游消费动机、旅游购物感知价值和行为意向之间的关系。通过对问卷进行预调研,并运用统计学软件 SPSS23.0 对量表开展信效度分析,为后续研究提供科学支持。

Chapter 5

5　研究结果分析与讨论

本章主要包括:研究对象描述性分析与讨论;测量题项的信度分析;对目的地形象、目的地信任、企业品牌认同、感知促销利益、购物旅游动机、购物旅游感知价值和行为意向等七个变量进行验证性因素分析;SEM 分析。

5.1 样本描述性分析

运用 SPSS23.0 软件对游客样本资料进行描述性统计,如表 5-1 所示。

表 5-1 描述性分析

特性	类别	人员数量	比例/(%)
性别	男	70	15.6
	女	380	84.4
年龄	18—44 岁	219	48.7
	45—59 岁	160	35.6
	60 岁及以上	71	15.7
婚姻状况	已婚	148	32.9
	未婚	302	67.1
	其他	0	0.0
受教育程度	初中及以下	0	0.0
	高中	23	5.1
	大专	50	11.1
	本科	248	55.1
	研究生及以上	129	28.7
职业	企业人员	210	46.7
	公职人员	68	15.1
	学生	20	4.4
	个体工商户	101	22.4
	其他	51	11.3

续表

特性	类别	人员数量	比例/(%)
个人月平均收入	1000 澳门元及以下	0	0.0
	1001—2999 澳门元	0	0.0
	3000—4999 澳门元	26	5.8
	5000—6999 澳门元	113	25.1
	7000—9999 澳门元	119	26.4
	1 万澳门元及以上	192	42.7
购物旅游节的消费支出	1000 澳门元及以下	16	3.6
	1001—2999 澳门元	20	4.4
	3000—4999 澳门元	75	16.7
	5000—6999 澳门元	250	55.6
	7000—9999 澳门元	56	12.4
	1 万澳门元及以上	33	7.3
常住城市	粤港澳大湾区城市	340	75.6
	其他城市	110	24.4

资料来源:本研究整理。

由表 5-1 可以看出,在 450 名被访游客中,男性占比 15.6%,女性占比 84.4%。年龄在 18—44 岁的游客占比 48.7%,年龄在 45—59 岁占比 35.6%,60 岁及以上占比 15.7%。受访对象学历为本科的占比 55.1%,研究生及以上占比 28.7%;受访者多数为未婚,占比达到 67.1%,已婚占比 32.9%。个人月平均收入方面,月收入 1000 澳门元及以下占比 0.0%;1001—2999 澳门元占比 0.0%,3000—4999 澳门元占比 5.8%,5000—6999 澳门元占比 25.1%,7000—9999 澳门元占比 26.4%,1 万澳门元及以上占比 42.7%,表明受访者的收入普遍较高,具备较高的消费能力。职业属性方面,企业人员占比最高,达 46.7%;其次是个体工商户,占比 22.5%;公职人员占比 15.1%,学生占比 4.4%,其他职业人员占比 11.3%。澳门新八佰伴购物旅游节的消费支出方面,5000—6999 澳门元占比最高,达到 55.6%;3000—4999 澳门元占比 16.7%;7000—9999 澳门元占比 12.4%;1000 澳门元及以下占比 3.6%;1001—2999 澳门元占比 4.4%;1 万澳门元及以上占比 7.3%。常住城市方面,有 75.6%的受访者来自粤港澳大湾区城市,其他城市占到 24.4%。

5.2 探索性分析(EFA)

Narasimhan and Jayaram(1998)等学者认为,探索性分析是开展正式研究的必要前期准备。在进行探索性分析之前,需要开展 KMO(Kaiser-Meyer-Olkin)和巴特莱特球形检验(Bartlett Test of Sphericity)。吴明隆(2010)的研究指出了一个关键指标,如果单个题项在本因子的载荷不超过 0.4,则没有通过探索性分析。马庆国(2002)则认为,如果需要因子分析,那么 KMO 值应该越靠近 1,0.5 以下一般不考虑进行因子分析。

5.2.1 目的地形象

对目的地形象量表的 KMO、Bartlett's 球形检验结果如表 5-2 所示。

表 5-2 目的地形象 KMO、Bartlett's 球形检验

检验内容		检验结果
KMO 检验		0.909
Bartlett's 球形检验	近似卡方(chi-Square)	3041.426
	自由度(df)	36
	显著性(sig.)	0.000

资料来源:本研究整理。

结果显示,KMO 值为 0.909,近似卡方值为 3041.426,自由度为 36,可以开展 EFA。

根据表 5-3,A1、A2、A3、A4、A5 为因子 1,解释方差比例为 60.957%,特征值为 5.486;A6、A7、A8、A9 为因子 2,解释方差比例为 16.620%,特征值为 1.496。

表 5-3 目的地形象(EFA)

编码	因子 1	因子 2
A1	**0.831**	0.258
A2	**0.807**	0.286

续表

编码	因子1	因子2
A3	**0.808**	0.245
A4	**0.852**	0.253
A5	**0.864**	0.254
A6	0.265	**0.856**
A7	0.245	**0.857**
A8	0.278	**0.819**
A9	0.270	**0.871**
特征值	5.486	1.496
解释方差比例/(%)	60.957	16.620
累积解释方差比例/(%)	60.957	77.577

资料来源：本研究整理。

5.2.2 目的地信任

对目的地信任量表的KMO、Bartlett's球形检验结果如表5-4所示。总体来看，可以开展EFA。

表5-4 目的地信任 KMO、Bartlett's 球形检验

检验内容		检验结果
KMO检验		0.898
Bartlett's球形检验	近似卡方（chi-Square）	7837.644
	自由度（df）	105
	显著性（sig.）	0.000

资料来源：本研究整理。

根据表5-5，目的地信任EFA结果显示，因子1对应B10—B12，特征值为8.350，解释方差比例55.668%；因子2对应B4—B6，特征值为1.683，解释方差比例为11.218%；因子3对应B1—B3，特征值为1.331，解释方差比例为8.870%；因子4对应B7—B9，特征值为1.278，解释方差比例为8.519%；因子5对应B13—B15，特征值为1.015，解释方差比例为6.765%。

表 5-5 目的地信任（EFA）

编码	因子1	因子2	因子3	因子4	因子5
B10	**0.885**	0.205	0.234	0.201	0.185
B11	**0.860**	0.213	0.238	0.192	0.215
B12	**0.851**	0.171	0.217	0.190	0.215
B4	0.174	**0.878**	0.161	0.237	0.195
B5	0.183	**0.883**	0.161	0.213	0.218
B6	0.210	**0.859**	0.180	0.201	0.173
B1	0.211	0.159	**0.861**	0.160	0.284
B2	0.224	0.185	**0.844**	0.178	0.300
B3	0.264	0.183	**0.848**	0.177	0.191
B7	0.170	0.210	0.161	**0.889**	0.156
B8	0.161	0.200	0.167	**0.889**	0.194
B9	0.217	0.221	0.149	**0.858**	0.163
B13	0.191	0.202	0.250	0.175	**0.872**
B14	0.210	0.204	0.275	0.171	**0.859**
B15	0.236	0.223	0.255	0.222	**0.799**
特征值	8.350	1.683	1.331	1.278	1.015
解释方差比例/(%)	55.668	11.218	8.870	8.519	6.765
累积解释方差比例/(%)	55.668	66.886	75.756	84.275	91.040

资料来源：本研究整理。

5.2.3 企业品牌认同

对企业品牌认同量表的 KMO、Bartlett's 球形检验结果如表 5-6 所示。总体来看，可以开展 EFA。

表 5-6 企业品牌认同 KMO、Bartlett's 球形检验

检验内容		检验结果
KMO 检验		0.847
Bartlett's 球形检验	近似卡方（chi-Square）	2316.149
	自由度（df）	15
	显著性（sig.）	0.000

根据表 5-7,EFA 结果显示,C4—C6 组成因子 1,特征值为 4.200,解释方差比例为 69.995%;C1—C3 组成因子 2,特征值为 1.007,解释方差比例为 16.783%。

表 5-7 企业品牌认同(EFA)

编码	因子 1	因子 2
C4	**0.892**	0.294
C5	**0.903**	0.266
C6	**0.829**	0.344
C1	0.349	**0.878**
C2	0.285	**0.901**
C3	0.279	**0.878**
特征值	4.200	1.007
解释方差比例/(%)	69.995	16.783
累积解释方差比例/(%)	69.995	86.778

资料来源:本研究整理。

5.2.4 感知促销利益

对感知促销利益量表的 KMO、Bartlett's 球形检验结果如表 5-8 所示。总体来看,可以开展 EFA。

表 5-8 感知促销利益 KMO、Bartlett's 球形检验

检验内容		检验结果
KMO 检验		0.804
Bartlett's 球形检验	近似卡方(chi-Square)	1498.545
	自由度(df)	15
	显著性(sig.)	0.000

资料来源:本研究整理。

根据表 5-9,EFA 结果显示,D1—D3 组成因子 1,特征值为 3.505,解释方差比例为 58.425%;D4—D6 组成因子 2,特征值为 1.269,解释方差比例为 21.143%。

表 5-9　感知促销利益(EFA)

编码	因子 1	因子 2
D1	**0.879**	0.229
D2	**0.903**	0.172
D3	**0.850**	0.253
D4	0.285	**0.831**
D5	0.183	**0.891**
D6	0.176	**0.829**
特征值	3.505	1.269
解释方差比例/(%)	58.425	21.143
累积解释方差比例/(%)	58.425	79.568

资料来源:本研究整理。

5.2.5　购物旅游动机

对购物旅游动机量表的 KMO、Bartlett's 球形检验结果如表 5-10 所示。总体来看,可以开展 EFA。

表 5-10　购物旅游动机 KMO、Bartlett's 球形检验

检验内容		检验结果
KMO 检验		0.886
Bartlett's 球形检验	近似卡方(chi-Square)	3412.037
	自由度(df)	91
	显著性(sig.)	0.000

资料来源:本研究整理。

根据表 5-11,EFA 结果显示,因子 1 对应 F1—F6,特征值为 6.128,解释方差比例为 43.770%;因子 2 对应 F10—F14,特征值为 1.930,解释方差比例为 13.782%;因子 3 对应 F7—F9,特征值为 1.293,解释方差比例为 9.237%。3 个因子累积解释方差比例为 66.789%。

表 5-11 购物旅游动机(EFA)

编码	因子 1	因子 2	因子 3
F1	**0.808**	0.141	0.183
F2	**0.744**	0.140	0.169
F3	**0.817**	0.149	0.135
F4	**0.764**	0.252	0.011
F5	**0.712**	0.184	0.124
F6	**0.588**	0.123	0.243
F10	0.138	**0.705**	0.159
F11	0.167	**0.782**	0.124
F12	0.173	**0.818**	0.201
F13	0.211	**0.779**	0.255
F14	0.215	**0.729**	0.223
F7	0.240	0.253	**0.828**
F8	0.181	0.251	**0.871**
F9	0.194	0.279	**0.810**
特征值	6.128	1.930	1.293
解释方差比例/(%)	43.770	13.782	9.237
累积解释方差比例/(%)	43.770	57.552	66.789

资料来源:本研究整理。

5.2.6 购物旅游感知价值

对购物旅游感知价值量表的 KMO、Bartlett's 球形检验结果如表 5-12 所示。总体来看,可以开展 EFA。

表 5-12 购物旅游感知价值 KMO、Bartlett's 球形检验

检验内容		检验结果
KMO 检验		0.900
Bartlett's 球形检验	近似卡方(chi-Square)	5591.569
	自由度(df)	78
	显著性(sig.)	0.000

资料来源:本研究整理。

根据表 5-13,EFA 显示,G1—G4 组成因子 1,特征值为 7.217,解释方差比例为 55.517%;G8—G10 组成因子 2,特征值为 1.615,解释方差比例为 12.425%;G11—G13 组成因子 3,特征值为 1.271,解释方差比例为 9.776%;G5—G7 组成因子 4,特征值为 1.008,解释方差比例为 7.752%。

表 5-13 购物旅游感知价值(EFA)

编码	因子 1	因子 2	因子 3	因子 4
G1	**0.799**	0.121	0.161	0.286
G2	**0.858**	0.097	0.190	0.058
G3	**0.810**	0.161	0.148	0.177
G4	**0.686**	0.263	0.145	0.359
G8	0.178	**0.877**	0.250	0.237
G9	0.201	**0.875**	0.248	0.248
G10	0.179	**0.842**	0.278	0.287
G11	0.194	0.248	**0.880**	0.202
G12	0.209	0.266	**0.881**	0.192
G13	0.194	0.222	**0.859**	0.224
G5	0.237	0.243	0.200	**0.858**
G6	0.251	0.260	0.258	**0.844**
G7	0.252	0.277	0.204	**0.831**
特征值	7.217	1.615	1.271	1.008
解释方差比例/(%)	55.517	12.425	9.776	7.752
累积解释方差比例/(%)	55.517	67.942	77.718	85.47

资料来源:本研究整理。

5.2.7 行为意向

对行为意向量表的 KMO、Bartlett's 球形检验结果如表 5-14 所示。总体来看,可以开展 EFA。

表 5-14 行为意向 KMO、Bartlett's 球形检验

检验内容		检验结果
KMO 检验		0.810
Bartlett's 球形检验	近似卡方(chi-Square)	2403.575
	自由度(df)	15
	显著性(sig.)	0.000

资料来源:本研究整理。

根据表 5-15,EFA 显示,因子 1 对应 H1—H3,特征值为 3.866,解释方差比例为 64.432%;因子 2 对应 H4—H6,特征值为 1.417,解释方差比例为 23.621%。

表 5-15 行为意向(EFA)

编码	因子 1	因子 2
H1	**0.919**	0.242
H2	**0.905**	0.195
H3	**0.923**	0.239
H4	0.204	**0.888**
H5	0.235	**0.915**
H6	0.228	**0.915**
特征值	3.866	1.417
解释方差比例/(%)	64.432	23.621
累积解释方差比例/(%)	64.432	88.053

资料来源:本研究整理。

5.3 信度检验分析

Flynn 等(1990)、吴明隆(2010)的研究显示,如果变量有良好的信度,在信度的取值范围上,总量表的 Cronbach's α 有 2 个标准:0.80 以上(最好)、0.70—0.80(可以接受)。分量表的 Cronbach's α 最好大于 0.70,在 0.60—0.70 也可使用。CITC 有 4 个标准:小于 0.2(剔除)、0.2—0.29(勉强可接受)、0.3—0.39

（可接受）、大于 0.4（非常好）。

5.3.1　目的地形象

目的地形象分量表的信度分析如表 5-16 所示。总体来看，可以认为目的地形象分量表的信度符合研究标准。

表 5-16　目的地形象信度分析

构面	题项	CITC	删除此题项后的 Cronbach's α 系数	分量表的 Cronbach's α 系数
认知形象	A1	0.733	0.909	0.921
	A2	0.732	0.909	
	A3	0.703	0.911	
	A4	0.748	0.908	
	A5	0.760	0.908	
情感形象	A6	0.694	0.912	0.913
	A7	0.676	0.913	
	A8	0.677	0.913	
	A9	0.708	0.911	
目的地形象整体 Cronbach's α 系数				0.920

资料来源：本研究整理。

5.3.2　目的地信任

目的地信任分量表的信度分析如表 5-17 所示。总体来看，可以认为目的地信任分量表的信度符合研究标准。

表 5-17　目的地信任信度分析

构面	题项	CITC	删除此题项后的 Cronbach's α 系数	分量表的 Cronbach's α 系数
仁慈	B1	0.735	0.938	0.948
	B2	0.740	0.937	
	B3	0.703	0.938	

续表

构面	题项	CITC	删除此题项后的 Cronbach's α 系数	分量表的 Cronbach's α 系数
诚信	B4	0.673	0.939	0.951
	B5	0.679	0.939	
	B6	0.662	0.939	
能力	B7	0.718	0.938	0.947
	B8	0.746	0.937	
	B9	0.708	0.938	
可预测性	B10	0.641	0.940	0.947
	B11	0.654	0.940	
	B12	0.653	0.940	
声誉	B13	0.726	0.938	0.947
	B14	0.741	0.937	
	B15	0.745	0.937	
目的地信任整体 Cronbach's α 系数				0.942

资料来源：本研究整理。

5.3.3 企业品牌认同

企业品牌认同分量表的信度分析如表 5-18 所示。总体来看，可以认为企业品牌认同分量表的信度符合研究标准。

表 5-18 企业品牌认同信度分析

构面	题项	CITC	删除此题项后的 Cronbach's α 系数	分量表的 Cronbach's α 系数
个人品牌认同	C1	0.762	0.898	0.916
	C2	0.746	0.900	
	C3	0.749	0.900	

续表

构面	题项	CITC	删除此题项后的 Cronbach's α 系数	分量表的 Cronbach's α 系数
社会品牌认同	C4	0.800	0.893	0.930
	C5	0.760	0.898	
	C6	0.732	0.902	
企业品牌认同整体 Cronbach's α 系数				0.914

资料来源：本研究整理。

5.3.4 感知促销利益

感知促销利益分量表的信度分析如表 5-19 所示。总体来看，可以认为感知促销利益分量表的信度符合研究标准。

表 5-19 感知促销利益信度分析

构面	题项	CITC	删除此题项后的 Cronbach's α 系数	分量表的 Cronbach's α 系数
实用型感知促销利益	D1	0.686	0.825	0.888
	D2	0.662	0.830	
	D3	0.681	0.826	
享乐型感知促销利益	D4	0.663	0.830	0.850
	D5	0.620	0.838	
	D6	0.565	0.847	
感知促销利益整体 Cronbach's α 系数				0.857

资料来源：本研究整理。

5.3.5 购物旅游动机

购物旅游动机分量表的信度分析如表 5-20 所示。总体来看，可以认为购物旅游动机分量表的信度符合研究标准。需要注意的是，应删除题项 F6，因为删除 F6 后能使量表的 Cronbach's α 系数提高。

表 5-20　购物旅游动机信度分析

构面	题项	CITC	删除此题项后的 Cronbach's α 系数	分量表的 Cronbach's α 系数
转移	F1	0.734	0.826	0.864
	F2	0.655	0.841	
	F3	0.731	0.827	
	F4	0.675	0.837	
	F5	0.635	0.844	
	F6	0.522	**0.865**	
社交	F7	0.775	0.842	0.886
	F8	0.828	0.794	
	F9	0.735	0.876	
功利	F10	0.598	0.860	0.866
	F11	0.675	0.842	
	F12	0.753	0.822	
	F13	0.747	0.824	
	F14	0.675	0.842	
购物旅游动机整体 Cronbach's α 系数				0.900

资料来源：本研究整理。

5.3.6　购物旅游感知价值

购物旅游感知价值分量表的信度分析如表 5-21 所示。总体来看，可以认为购物旅游感知价值分量表的信度符合研究标准。

表 5-21　购物旅游感知价值信度分析

构面	题项	CITC	删除此题项后的 Cronbach's α 系数	分量表的 Cronbach's α 系数
情感价值	G1	0.758	0.822	0.870
	G2	0.726	0.834	
	G3	0.726	0.834	
	G4	0.697	0.845	

续表

构面	题项	CITC	删除此题项后的 Cronbach's α 系数	分量表的 Cronbach's α 系数
社会价值	G5	0.873	0.917	0.941
社会价值	G6	0.904	0.892	0.941
社会价值	G7	0.855	0.931	0.941
功能价值	G8	0.905	0.932	0.954
功能价值	G9	0.916	0.923	0.954
功能价值	G10	0.889	0.944	0.954
服务价值	G11	0.901	0.917	0.948
服务价值	G12	0.915	0.906	0.948
服务价值	G13	0.859	0.947	0.948
购物旅游感知价值整体 Cronbach's α 系数				0.933

资料来源：本研究整理。

5.3.7 行为意向

行为意向分量表的信度分析如表 5-22 所示。总体来看，可以认为行为意向分量表的信度符合研究标准。

表 5-22 行为意向信度分析

构面	题项	CITC	删除此题项后的 Cronbach's α 系数	分量表的 Cronbach's α 系数
重复购买	H1	0.729	0.866	0.937
重复购买	H2	0.672	0.875	0.937
重复购买	H3	0.732	0.866	0.937
口碑宣传	H4	0.666	0.876	0.925
口碑宣传	H5	0.723	0.867	0.925
口碑宣传	H6	0.713	0.868	0.925
行为意向整体 Cronbach's α 系数				0.889

资料来源：本研究整理。

5.4 本研究各构面验证性因素分析

因子分析(Factor Analysis)主要包括探索性因素分析和验证性因素分析,主要用来分析一些隐藏的无法轻易直接测量的变量。在进行 SEM 之前,非常有必要进行验证性因素分析(Confirmatory Factor Analysis,CFA)。Kenny(2006)也认为,CFA 可以对模型设定、评估和结果显示非常多的信息,社会及行为科学应重视 CFA。适配度指标以著名学者吴明隆《结构方程模型——Amos 的操作与应用(第二版)》中研究成果为准,如表 5-23 所示。

表 5-23　SEM 适配度

统计检验量		适配的标准或临界值
绝对适配度指数	x^2 值	显著性概率值 $P>0.05$(未达显著水平)
	GFI 值	>0.90
	AGFI 值	>0.90
	RMSEA 值	<0.05(适配良好);<0.08(适配合理)
增值适配度指数	NFI 值	>0.90
	RFI 值	>0.90
	IFI 值	>0.90
	CFI 值	>0.90
简约适配度指数	PGFI 值	>0.50
	PNFI 值	>0.50
	NC 值(x^2 自由度比值)	$1<NC<3$,表示模型有简约适配程度;$NC>5$,表示模型需要修正

资料来源:《结构方程模型——Amos 的操作与应用(第二版)》,吴明隆,2009。

5.4.1 目的地形象 CFA

对目的地形象进行一阶结构验证,结果如图 5-1 所示。

表 5-24 显示,目的地形象的模型拟合度良好,各个指标符合研究标准。

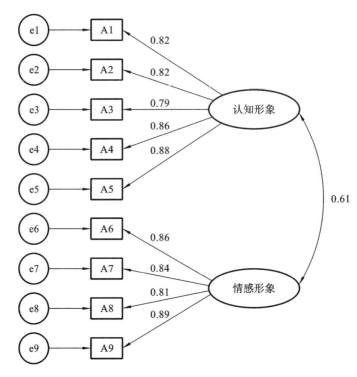

图 5-1 TDI 一阶结构模型验证

表 5-24 TDI 模型拟合度

拟合指标	CMIN/DF	RMSEA	GFI	AGFI	NFI	IFI	TLI	CFI
判断标准	＜5	＜0.08	＞0.9	＞0.9	＞0.9	＞0.9	＞0.9	＞0.9
模型结果	2.521	0.058	0.970	0.949	0.979	0.987	0.982	0.987
结论	合格	合格	合格	合格	合格	合格	合格	合格

资料来源：本研究整理。

表 5-25 显示，各项指标符合标准，达到 CFA 预期效果。

表 5-25 TDI 一阶 CFA 结果

变量	题项	因子载荷	组成信度(CR)	平均变异数萃取量(AVE)
认知形象	A1	0.824***	0.9216	0.7019
	A2	0.821***		
	A3	0.794***		
	A4	0.865***		
	A5	0.882***		

续表

变量	题项	因子载荷	组成信度(CR)	平均变异数萃取量(AVE)
情感形象	A6	0.864***	0.9140	0.7269
	A7	0.844***		
	A8	0.807***		
	A9	0.893***		

注：*** 表示 $P<0.001$。

5.4.2 目的地信任CFA

1) 一阶结构验证

对目的地信任进行一阶结构验证性因素分析，结果如图5-2所示。

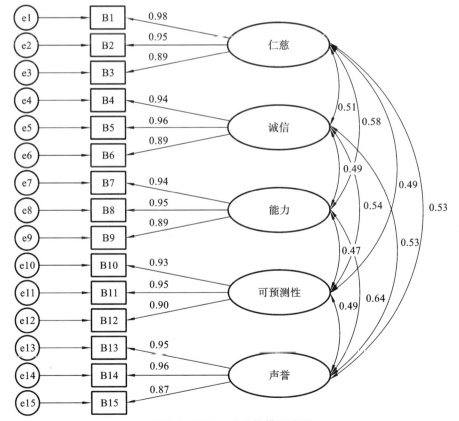

图5-2 SDT一阶结构模型验证

表 5-26 显示,目的地信任的模型拟合度良好,各个指标符合研究标准。

表 5-26　SDT 模型拟合度

拟合指标	CMIN/DF	RMSEA	GFI	AGFI	NFI	IFI	TLI	CFI
判断标准	<5	<0.08	>0.9	>0.9	>0.9	>0.9	>0.9	>0.9
模型结果	1.624	0.037	0.963	0.945	0.984	0.994	0.992	0.994
结论	合格	合格	合格	合格	合格	合格	合格	合格

资料来源:本研究整理。

表 5-27 显示,各项指标符合标准,达到 CFA 预期效果。

表 5-27　SDT 一阶 CFA 结果

变量	题项	因子载荷	组成信度(CR)	平均变异数萃取量(AVE)
仁慈	B1	0.984***	0.9583	0.8846
	B2	0.949***		
	B3	0.886***		
诚信	B4	0.944***	0.9523	0.8695
	B5	0.960***		
	B6	0.892***		
能力	B7	0.937***	0.9477	0.8581
	B8	0.950***		
	B9	0.891***		
可预测性	B10	0.934***	0.9474	0.8573
	B11	0.947***		
	B12	0.896***		
声誉	B13	0.953***	0.9488	0.8610
	B14	0.959***		
	B15	0.869***		

注:*** 表示 $P<0.001$。

2)二阶结构验证

根据图 5-3,目的地信任的 5 个维度仁慈、诚信、能力、可预测性、声誉之间因子数目大于 3,要对二阶模型进行 CFA。

根据表 5-28、表 5-29,各一阶因子在二阶因子上的标准化载荷均大于 0.5,并且在 0.01 显著性水平下通过检验;在模型的适配度指标中,CMIN/DF=

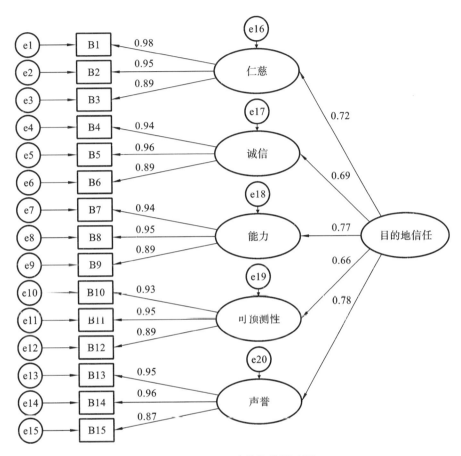

图 5-3 SDT 二阶结构模型验证

1.783；GFI、AGFI、NFI、TLI、IFI、CFI 均大于 0.9；RMSEA＝0.042，小于 0.08，这说明数据适配度较好。由表 5-29 可知，目的地信任、仁慈、诚信、能力、可预测性和声誉的组成信度分别为 0.8478、0.9583、0.9523、0.96477、0.9474、0.9488，均大于 0.7，平均变异数萃取量分别为 0.5279、0.8846、0.8695、0.8581、0.8573、0.8610，均大于 0.5，达到收敛效度的标准。

表 5-28 SDT 二阶模型拟合度

拟合指标	CMIN/DF	RMSEA	GFI	AGFI	NFI	IFI	TLI	CFI
判断标准	<5	<0.08	>0.9	>0.9	>0.9	>0.9	>0.9	>0.9
模型结果	1.783	0.042	0.956	0.938	0.981	0.992	0.990	0.992
结论	合格	合格	合格	合格	合格	合格	合格	合格

资料来源：本研究整理。

表 5-29 SDT 二阶 CFA 结果

变量	题项	因子载荷	组成信度(CR)	平均变异数萃取量(AVE)
目的地信任	仁慈	0.722***	0.8478	0.5279
	诚信	0.692***		
	能力	0.774***		
	可预测性	0.662***		
	声誉	0.776***		
仁慈	B1	0.984***	0.9583	0.8846
	B2	0.949***		
	B3	0.886***		
诚信	B4	0.944***	0.9523	0.8695
	B5	0.960***		
	B6	0.892***		
能力	B7	0.937***	0.9477	0.8581
	B8	0.950***		
	B9	0.892***		
可预测性	B10	0.934***	0.9474	0.8573
	B11	0.947***		
	B12	0.896***		
声誉	B13	0.953***	0.9488	0.8610
	B14	0.959***		
	B15	0.869***		

注：*** 表示 $P<0.001$。

结果显示：5 个一阶变量仁慈、诚信、能力、可预测性和声誉显著地构成二阶变量目的地信任，收敛效度也都达到研究要求，目的地信任二阶模型结构合理，在今后研究中可根据需要进一步进行二阶结构研究分析。

5.4.3 企业品牌认同 CFA

对企业品牌认同进行一阶结构验证，结果如图 5-4 所示。

表 5-30 显示，企业品牌认同的模型拟合度良好，各个指标符合研究标准。

5 研究结果分析与讨论 | 115

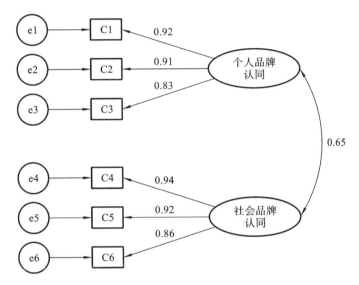

图 5-4　BDI 一阶结构模型验证

表 5-30　BDI 模型拟合度

拟合指标	CMIN/DF	RMSEA	GFI	AGFI	NFI	IFI	TLI	CFI
判断标准	<5	<0.08	>0.9	>0.9	>0.9	>0.9	>0.9	>0.9
模型结果	2.804	0.063	0.984	0.958	0.990	0.982	0.988	0.994
结论	合格	合格	合格	合格	合格	合格	合格	合格

资料来源：本研究整理。

表 5-31 显示，各项指标符合标准，达到 CFA 预期效果。

表 5-31　BDI 一阶 CFA 结果

变量	题项	因子载荷	组成信度(CR)	平均变异数萃取量(AVE)
个人品牌认同	C1	0.920***	0.9177	0.7885
	C2	0.912***		
	C3	0.829***		

续表

变量	题项	因子载荷	组成信度(CR)	平均变异数萃取量(AVE)
社会品牌认同	C4	0.936***	0.9305	0.8172
	C5	0.919***		
	C6	0.855***		

注：*** 表示 $P<0.001$。

5.4.4 感知促销利益 CFA

感知促销利益变量共有 2 个维度，分别为实用型感知促销利益和享乐型感知促销利益，共 6 个测量题项。因此，只进行一阶结构验证，执行验证性因素分析，得到如图 5-5 及表 5-32 所示数据。

表 5-32 显示，感知促销利益的模型拟合度良好，各个指标符合研究标准。

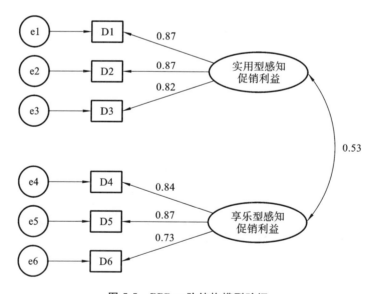

图 5-5　PPB 一阶结构模型验证

表 5-32　PPB 模型拟合度

拟合指标	CMIN/DF	RMSEA	GFI	AGFI	NFI	IFI	TLI	CFI
判断标准	<5	<0.08	>0.9	>0.9	>0.9	>0.9	>0.9	>0.9
模型结果	3.241	0.071	0.981	0.951	0.983	0.988	0.977	0.988
结论	合格	合格	合格	合格	合格	合格	合格	合格

资料来源：本研究整理。

表 5-33 显示，各项指标符合标准，达到 CFA 预期效果。

表 5-33　PPB 一阶 CFA 结果

变量	题项	因子载荷	组成信度(CR)	平均变异数萃取量(AVE)
实用型感知促销利益	D1	0.868***	0.8893	0.7282
	D2	0.873***		
	D3	0.818***		
享乐型感知促销利益	D4	0.837***	0.8538	0.6618
	D5	0.868***		
	D6	0.729***		

注：*** 表示 $P<0.001$。

5.4.5　购物旅游动机 CFA

1）一阶结构验证

购物旅游动机共有 3 个维度，分别为转移、社交和功利，共 13 个测量题项，初次执行一阶结构验证性因素分析，发现 F4、F5、F10、F11 因子载荷分别为 0.69、0.67、0.63、0.69，均小于 0.7，因此删除题项 F4、F5、F10、F11，重新进行一阶结构验证性因素分析，得到修正后的购物旅游动机一阶结构模型验证性因素分析（见图 5-6）。

表 5-34 显示，购物旅游动机的模型拟合度良好，各个指标符合研究标准。

表 5-35 显示，各项指标符合标准，达到 CFA 预期效果。

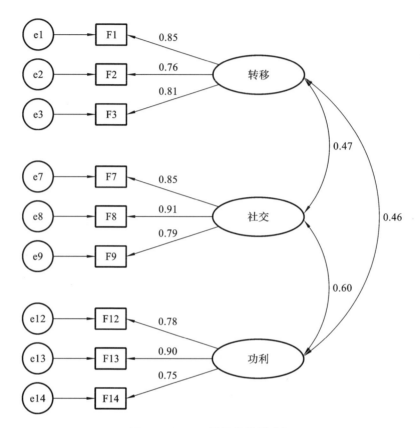

图 5-6 STM 一阶结构模型验证

表 5-34 STM 模型拟合度

拟合指标	CMIN/DF	RMSEA	GFI	AGFI	NFI	IFI	TLI	CFI
判断标准	<5	<0.08	>0.9	>0.9	>0.9	>0.9	>0.9	>0.9
模型结果	1.363	0.028	0.985	0.972	0.985	0.996	0.994	0.996
结论	合格	合格	合格	合格	合格	合格	合格	合格

资料来源：本研究整理。

表 5-35 STM 一阶 CFA 结果

变量	题项	因子载荷	组成信度（CR）	平均变异数萃取量（AVE）
转移	F1	0.853***	0.85	0.6543
	F2	0.759***		
	F3	0.812***		

续表

变量	题项	因子载荷	组成信度(CR)	平均变异数萃取量(AVE)
社交	F7	0.853***	0.8893	0.7288
	F8	0.911***		
	F9	0.793***		
功利	F12	0.781***	0.8522	0.6591
	F13	0.898***		
	F14	0.749***		

注：*** 表示 $P<0.001$。

2）二阶结构验证

如图 5-7 所示，购物旅游动机维度转移、社交和功利因子数目大于 3，要对二阶模型进行 CFA。

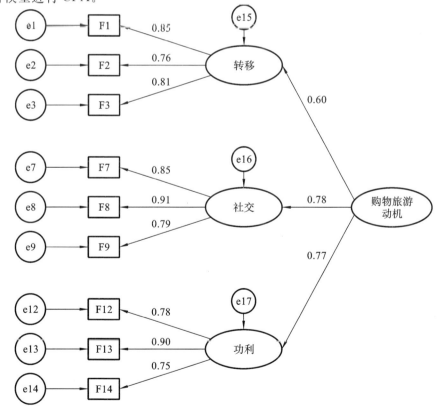

图 5-7　STM 二阶结构模型验证

根据表 5-36、表 5-37,三个一阶变量转移、社交和功利显著地构成二阶变量购物旅游动机,收敛效度也都达到研究要求,购物旅游动机二阶模型结构合理,在今后研究中可根据需要进一步进行二阶结构研究分析。

表 5-36　STM 二阶模型拟合度

拟合指标	CMIN/DF	RMSEA	GFI	AGFI	NFI	IFI	TLI	CFI
判断标准	<5	<0.08	>0.9	>0.9	>0.9	>0.9	>0.9	>0.9
模型结果	1.363	0.028	0.985	0.972	0.985	0.996	0.994	0.996
结论	合格	合格	合格	合格	合格	合格	合格	合格

表 5-37　STM 二阶 CFA 结果

变量	题项	因子载荷	组成信度(CR)	平均变异数萃取量(AVE)
购物旅游动机	转移	0.603***	0.7614	0.5185
	社交	0.778***		
	功利	0.766***		
转移	F1	0.853***	0.85	0.6543
	F2	0.759***		
	F3	0.812***		
社交	F7	0.853***	0.8893	0.7288
	F8	0.911***		
	F9	0.793***		
功利	F12	0.781***	0.8522	0.6591
	F13	0.898***		
	F14	0.749***		

注:*** 表示 $P<0.001$。

5.4.6　购物旅游感知价值 CFA

1) 一阶结构验证

对购物旅游感知价值进行一阶结构验证性因素分析,结果如图 5-8 所示。

表 5-38 显示,购物旅游感知价值的模型拟合度良好,各个指标符合研究标准。

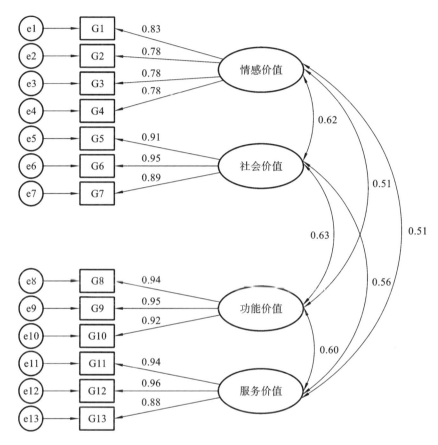

图 5-8　STPV 一阶结构模型验证

表 5-38　STPV 一阶模型拟合度

拟合指标	CMIN/DF	RMSEA	GFI	AGFI	NFI	IFI	TLI	CFI
判断标准	<5	<0.08	>0.9	>0.9	>0.9	>0.9	>0.9	>0.9
模型结果	2.343	0.055	0.955	0.931	0.976	0.986	0.981	0.986
结论	合格	合格	合格	合格	合格	合格	合格	合格

资料来源：本研究整理。

表 5-39 显示,各项指标符合标准,达到 CFA 预期效果。

表 5-39 STPV 一阶 CFA 结果

变量	题项	因子载荷	组成信度(CR)	平均变异数萃取量(AVE)
情感价值	G1	0.833***	0.8725	0.6313
	G2	0.776***		
	G3	0.783***		
	G4	0.785***		
社会价值	G5	0.910***	0.9417	0.8435
	G6	0.955***		
	G7	0.889***		
功能价值	G8	0.936***	0.9548	0.8756
	G9	0.951***		
	G10	0.920***		
服务价值	G11	0.940***	0.9491	0.8616
	G12	0.960***		
	G13	0.883***		

注:*** 表示 $P<0.001$。

2)二阶结构验证

根据图 5-9,购物旅游感知价值四个维度情感价值、社会价值、功能价值和服务价值之间因子数目大于 3,要对二阶模型进行 CFA(见表 5-40)。

根据表 5-41,四个一阶变量情感价值、社会价值、功能价值和服务价值显著地构成二阶变量购物旅游感知价值,收敛效度也都达到研究要求,购物旅游感知价值二阶模型结构合理。在今后的研究中,可根据需要进一步进行二阶结构研究分析。

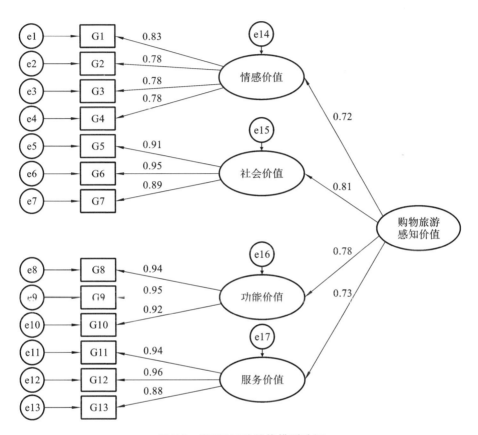

图 5-9　STPV 二阶结构模型验证

表 5-40　STPV 二阶模型拟合度

拟合指标	CMIN/DF	RMSEA	GFI	AGFI	NFI	IFI	TLI	CFI
判断标准	<5	<0.08	>0.9	>0.9	>0.9	>0.9	>0.9	>0.9
模型结果	2.448	0.057	0.952	0.928	0.974	0.966	0.980	0.984
结论	合格	合格	合格	合格	合格	合格	合格	合格

资料来源：本研究整理。

表 5-41 STPV 二阶 CFA 结果

变量	题项	因子载荷	组成信度(CR)	平均变异数萃取量(AVE)
购物旅游感知价值	情感价值	0.716***	0.8436	0.5749
	社会价值	0.810***		
	功能价值	0.777***		
	服务价值	0.726***		
情感价值	G1	0.833***	0.8725	0.6313
	G2	0.776***		
	G3	0.783***		
	G4	0.785***		
社会价值	G5	0.910***	0.9417	0.8435
	G6	0.955***		
	G7	0.889***		
功能价值	G8	0.936***	0.9548	0.8756
	G9	0.951***		
	G10	0.920***		
服务价值	G11	0.940***	0.9491	0.8616
	G12	0.960***		
	G13	0.883***		

注：*** 表示 $P<0.001$。

5.4.7 行为意向 CFA

对行为意向进行一阶结构验证，结果如图 5-10 所示。

表 5-42 显示，行为意向的模型拟合度良好，各个指标符合研究标准。

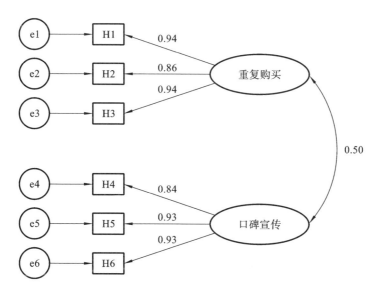

图 5-10　BI 一阶结构模型验证

表 5-42　BI 模型拟合度

拟合指标	CMIN/DF	RMSEA	GFI	AGFI	NFI	IFI	TLI	CFI
判断标准	<3	<0.08	>0.9	>0.9	>0.9	>0.9	>0.9	>0.9
模型结果	1.212	0.022	0.993	0.981	0.996	0.999	0.999	0.999
结论	合格	合格	合格	合格	合格	合格	合格	合格

资料来源:本研究整理。

表 5-43 显示,各项指标符合标准,达到 CFA 预期效果。

表 5-43　BI 一阶 CFA 结果

变量	题项	因子载荷	组成信度(CR)	平均变异数萃取量(AVE)
重复购买	H1	0.936***	0.9386	0.8362
	H2	0.861***		
	H3	0.944***		
口碑宣传	H4	0.838***	0.9268	0.8088
	H5	0.932***		
	H6	0.925***		

注:*** 表示 $P<0.001$。

5.5 SEM 分析与假设检验

研究使用 AMOS 24.0 进行 SEM,由于研究含有多达 20 个二阶变量、7 个一阶变量,对于多阶变量,需要将各二阶变量指标进行算术平均后缩减为一项指标。因此,本研究将认知形象和情感形象这 2 个二阶变量的各题项分别求均值,作为目的地形象的 2 个测量指标,再将认知形象和情感形象作为观察变量代入结构方程;将仁慈、诚信、能力、可预测性和声誉这 5 个二阶变量的各题项分别求均值,作为目的地信任的 5 个测量指标,再将仁慈、诚信、能力、可预测性和声誉作为观察变量代入结构方程;将个人品牌认同和社会品牌认同这 2 个二阶变量的各题项分别求均值,作为企业品牌认同的 2 个测量指标,再将个人品牌认同和社会品牌认同作为观察变量代入结构方程;将实用性感知促销利益和享乐型感知促销利益这 2 个二阶变量的各题项分别求均值,作为感知促销利益的 2 个测量指标,再将个人品牌认同和社会品牌认同作为观察变量代入结构方程;将转移、社交和功利这 3 个二阶变量的各题项分别求均值,作为购物旅游动机的 3 个测量指标,再将转移、社交和功利作为观察变量代入结构方程;将情感价值、社会价值、功能价值和服务价值这 4 个二阶变量的各题项分别求均值,作为购物旅游感知价值的 4 个测量指标,再将情感价值、社会价值、功能价值和服务价值作为观察变量代入结构方程;将重复购买和口碑宣传这 2 个二阶变量的各题项分别求均值,作为行为意向的 2 个测量指标,再将重复购买和口碑宣传作为观察变量代入结构方程。

5.5.1 初始 SEM 适配检验

使用 AMOS 24.0 分析,得到初始 SEM 图(见图 5-11)。

从表 5-44 初始结构方程模型的拟合度可知,CMIN/DF 为 2.572,小于 5 以下的理想标准;PNFI 和 PGFI 均达到 0.5 以上的理想标准;RMSEA 为 0.059,小于 0.08 的理想标准;GFI、IFI 达到 0.9 以上的理想标准,AGFI、NFI、TLI、CFI 未达到 0.9 以上的理想标准,需要修正模型。

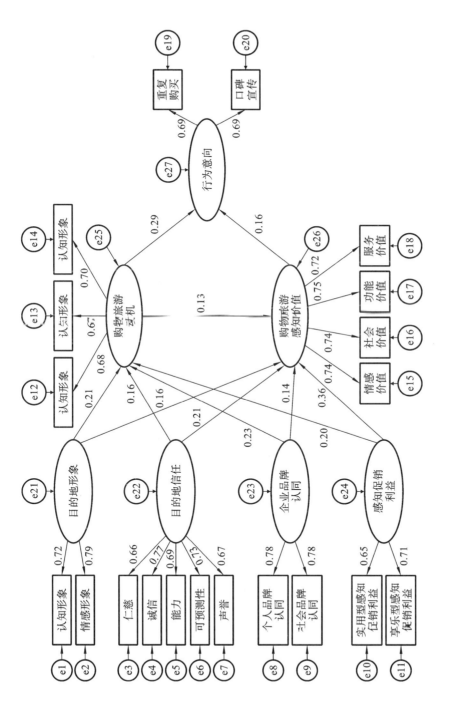

图 5-11 初始 SEM 图

表 5-44　初始 SEM 拟合度

拟合指标	CMIN/DF	RMSEA	GFI	AGFI	NFI	IFI	TLI	CFI	PNFI	PGFI
判断标准	<5	<0.08	>0.9	>0.9	>0.9	>0.9	>0.9	>0.9	>0.5	>0.5
模型结果	2.572	0.059	0.910	0.890	0.846	0.900	0.889	0.899	0.766	0.745

资料来源:本研究整理。

5.5.2　修正 SEM 适配检验

本研究在 e5 和 e7 之间添加路径(见表 5-45),得到修正后模型(见图 5-12)。

表 5-45　残差间的协方差修正指标

	M. I.	Par Change
e5 <—> e7	29.892	0.399

资料来源:本研究整理。

从表 5-46 可知,CMIN/DF 为 2.395,小于 5 以下的理想标准;PNFI 和 PGFI 均达到 0.5 以上的理想标准;RMSEA 为 0.056,小于 0.08 的理想标准;GFI、AGFI、IFI、TLI、CFI 达到 0.9 及以上的理想标准,NFI 未达到 0.9 以上的理想标准。

表 5-46　修正 SEM 拟合度

拟合指标	CMIN/DF	RMSEA	GFI	AGFI	NFI	IFI	TLI	CFI	PNFI	PGFI
判断标准	<5	<0.08	>0.9	>0.9	>0.9	>0.9	>0.9	>0.9	>0.5	>0.5
模型结果	2.395	0.056	0.919	0.900	0.858	0.912	0.901	0.911	0.772	0.748

资料来源:本研究整理。

吴明龙(2010)在《问卷统计分析实务:SPSS 的操作与应用》一书中,指出 SEM 整体模型适配度评价标准中,NFI 在 0.9 以上为理想值,0.8—0.9 则可视为可接受值,同时,严文刚(2019)在其博士论文《业余马拉松运动员参赛行为意向模型构建研究》中,采用此宽松标准进行结构方程分析,得到较为满意的模型适配度结果,研究取得成功。

基于本研究的变量多达 7 个,且有 20 个维度和 77 个题项,模型结构较为复杂,对 NFI 指标未达到 0.9 的理想标准,但在 0.85 以上,达到较为宽松的可接受标准,因此可以认为本研究模型的各个拟合指标均达到理想或可接受的适配度标准。

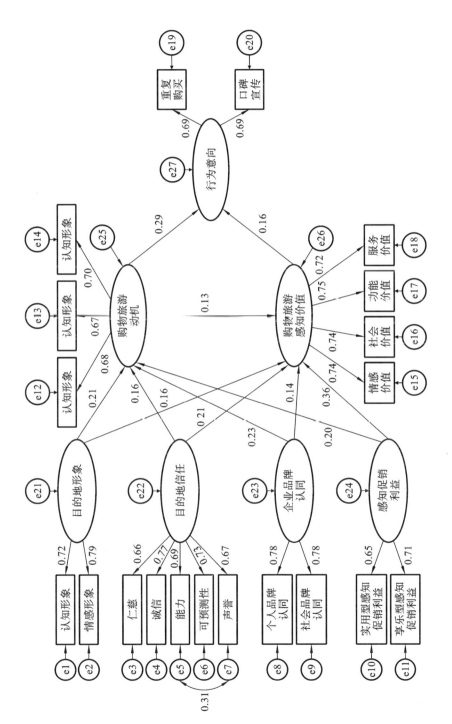

图 5-12 修正 SEM 图

5.5.3 路径分析与假设检验

修正 SEM 路径系数如表 5-47 所示。

表 5-47 修正 SEM 路径系数

假设	路径	标准化路径系数	S.E.	C.R.	P	结论
H1	目的地形象→购物旅游动机	0.205	0.051	3.292	***	成立
H2	目的地形象→购物旅游感知价值	0.158	0.063	2.719	0.007	成立
H3	目的地信任→购物旅游动机	0.160	0.056	2.723	0.006	成立
H4	目的地信任→购物旅游感知价值	0.200	0.068	3.711	***	成立
H5	企业品牌认同→购物旅游动机	0.227	0.050	3.715	***	成立
H6	企业品牌认同→购物旅游感知价值	0.142	0.062	2.478	0.013	成立
H7	感知促销利益→购物旅游动机	0.207	0.060	3.058	0.002	成立
H8	感知促销利益→购物旅游感知价值	0.367	0.077	5.585	***	成立
H9	购物旅游动机→感知价值	0.129	0.086	1.984	0.047	成立
H10	购物旅游动机→行为意向	0.286	0.072	3.981	***	成立
H11	购物旅游感知价值→行为意向	0.157	0.051	2.339	0.019	成立

注：*** 表示 $P<0.001$。

由表 5-47 可以得到以下结论。

(1) 目的地形象对购物旅游动机 ($\beta=0.205, P<0.001$) 具有显著正向影响，假设成立。

(2) 目的地形象对购物旅游感知价值 ($\beta=0.158, P<0.01$) 具有显著正向影响，假设成立。

(3) 目的地信任对购物旅游动机 ($\beta=0.160, P<0.01$) 具有显著正向影响，假设成立。

(4) 目的地信任对购物旅游感知价值 ($\beta=0.200, P<0.001$) 具有显著正向影响，假设成立。

(5) 企业品牌认同对购物旅游动机 ($\beta=0.227, P<0.001$) 具有显著正向影响，假设成立。

(6) 企业品牌认同对购物旅游感知价值 ($\beta=0.142, P<0.05$) 具有显著正向影响，假设成立。

(7)感知促销利益对购物旅游动机($\beta=0.207,P<0.01$)具有显著正向影响,假设成立。

(8)感知促销利益对购物旅游感知价值($\beta=0.367,P<0.001$)具有显著正向影响,假设成立。

(9)购物旅游动机对感知价值($\beta=0.129,P<0.05$)具有显著正向影响,假设成立。

(10)购物旅游动机对行为意向($\beta=0.286,P<0.001$)具有显著正向影响,假设成立。

(11)购物旅游感知价值对行为意向($\beta=0.157,P<0.05$)具有显著正向影响,假设成立。

Chapter

6 结论与启示

本研究结合文献综述、量表开发、访谈以及定量实证检验分析的结果开展讨论，在此基础上总结出理论发现和现实应用成果，同时提炼本研究的一点贡献，本研究的不足之处及后续研究方向。

6.1 研究结论与讨论

本研究以大型购物旅游节事活动澳门新八佰伴购物旅游节为研究对象，通过文献研究、深入访谈等方法，以影响购物旅游消费者动机和感知价值的因素为切入点，从购物旅游消费者视角研究在大型购物旅游节事活动中目的地形象、目的地信任、企业品牌认同、感知促销利益、购物旅游动机、购物旅游感知价值和行为意向之间的关系，提出相关的11个研究假设。

通过定量研究的方法进行验证，结果显示，所有的假设关系路径均显著，包括：目的地形象→购物旅游动机、目的地形象→购物旅游感知价值、目的地信任→购物旅游动机、目的地信任→购物旅游感知价值、企业品牌认同→购物旅游动机、企业品牌认同→购物旅游感知价值、感知促销利益→购物旅游动机、感知促销利益→购物旅游感知价值、购物旅游动机→感知价值、购物旅游动机→行为意向、购物旅游感知价值→行为意向。从分析结果来看，感知促销利益→购物旅游感知价值路径系数最大，购物旅游动机→行为意向、企业品牌认同→购物旅游动机次之，这充分说明在购物旅游行为中，经济性对购物旅游行为的发生和体验最为重要，此外，动机和对企业品牌的认同，也有至关重要的作用。整体而言，目的地形象、目的地信任、企业品牌认同和感知促销利益，均不同程度地显著影响着购物旅游动机、感知价值和行为意向，这表明购物旅游行为的发生是一个综合性行为，绝不是一时的冲动。注重目的地城市形象的维护，建立诚信的主客关系，同时持续打造品牌，关注促销方式的多样性和灵活性，对顾客参与购物旅游节，提升购物旅游欲望和感知有很好的帮助，甚至有可能促进目的地城市逐步形成购物旅游产业。

6.1.1 研究变量测试结果的讨论

购物旅游动机和感知价值是购物旅游消费行为的核心，提高消费者的购物旅游欲望和感知价值,是商家非常关心的问题,这直接关系到购物旅游产业的可持续发展。购物旅游动机和决策产生的前提是充分了解目的地信息和从销售人员及其他途径知晓商品信息。

霍华德-谢思消费行为理论是研究消费者行为的经典理论,在消费行为研究领域应用广泛,取得了丰富的研究成果。因此,在霍华德-谢思消费行为理论的基础上,本研究通过大量的文献回顾分析,对霍华德-谢思消费行为理论原始模型进行了加大幅度修正,形成了购物旅游消费行为模型。其中,目的地形象(Tourist Destination Image,TDI)、目的地信任(Tourist Destination Trust,SDT)、企业品牌认同(Brand Identification,BDI)和感知促销利益(Perceived Promotional Benefit,PPB)这些因素被视为投入变量,购物旅游动机(Shopping Tourism Motivation,STM)和购物旅游感知价值(Shopping Tourism Perceived Value,STPV)是心理过程变量及内部变量。同时,大量实证研究早已表明动机、感知价值和行为意向(Behavioral Intention,BI)之间存在广泛的显著影响关系。

1)量表开发的讨论

本研究首先在文献研究的基础上,对所涉及的研究变量进行梳理。通过分析,初步整理出目的地形象、目的地信任、企业品牌认同、感知促销利益、购物旅游动机、购物旅游感知价值和行为意向的分量表,再研究设计出了适合本研究的总体量表。

在初步量表的基础上,本研究进行了深度访谈,目的主要是研究消费者对购物旅游节的真实态度,以及参加购物旅游节的动机、感知价值和行为意向。探讨对比与文献研究中的量表有何不足之处,用以修正量表问卷设计。

根据深度访谈分析结果,对量表进行了初步修订,主要采取了修改和增加两种形式。

一是修改。在目的地形象量表的"认知形象"维度中,将原量表中的"当地人欢迎外地游客,对待外地游客十分友好"测量题项修改为"同其他地方比较,当地人更加欢迎外地游客、对待外地游客更加友好";在感知促销利益量表的"实用性促销利益"维度中,将原量表的"该促销活动让我的购物变得简单快捷"测量题项修改为"该促销活动能让我更好地做好购物计划,使购物变得简单快捷";在购物旅游动机量表的"功利"动机维度中,将原量表中的"找到我需要的各种品牌商品"指标修改为"商品种类丰富,能找到我需要的各种商品","社交"动机中,加入"朋友邀请一起去"这一测量指标。

二是增加。在购物旅游动机量表的"功利"动机维度中,加入"来这里购物更省钱划算,便宜很多"和"有很多闲暇时间去购物"两项测量指标;在购物旅游感知价值量表的"情感价值"维度中,加入"来参加购物旅游节可以使我有很大的获得感"一项测量指标。

在文献研究与前期访谈完成后,本研究初步构建了一个共计 77 个题目的研究量表(初稿)交由相关专家进行审阅,专家们一致表示问卷设计比较科学,无须进行修改。

2)本研究变量测试结果的讨论

在预测试阶段,目的地形象、目的地信任、企业品牌认同、感知促销利益、购物旅游动机、购物旅游感知价值和行为意向 7 个变量的信度分别为 0.820、0.702、0.789、0.782、0.900、0.729 和 0.859。其中,目的地形象变量各题项的因子载荷介于 0.862—0.913,目的地信任变量各题项的因子载荷介于 0.887—0.942,企业品牌认同变量各题项的因子载荷介于 0.875—0.914,感知促销利益变量各题项的因子载荷介于 0.870—0.911,购物旅游动机变量各题项的因子载荷介于 0.810—0.866,购物旅游感知价值变量各题项的因子载荷介于 0.809—0.904,行为意向变量各题项的因子载荷介于 0.891—0.900,都具有良好的信度。对目的地形象、目的地信任、企业品牌认同、感知促销利益、购物旅游动机、购物旅游感知价值、行为意向对量表进行 KMO 和 Bartlett's 球形检验,得到 KMO 值分别为 0.783、0.710、0.736、0.729、0.704、0.713、0.736,均大于 0.7,各构面的 Bartlett's 球形检验值均显著,说明量表同样具有良好的效度。

在实证检验阶段,目的地形象、目的地信任、企业品牌认同、感知促销利益、购物旅游动机、购物旅游感知价值和行为意向 7 个变量的信度分别为 0.920、0.942、0.914、0.857、0.900、0.933 和 0.889,变量各题项的因子载荷均表现良好。7 个变量的 KMO 值分别为 0.909、0.898、0.847、0.804、0.886、0.900、0.810,均大于 0.7,各构面的 Bartlett's 球形检验值均显著,这说明量表在实证检验阶段也表现出了良好的信度和效度。

在具体题项方面,购物旅游动机变量中题项 6 没有达到学者建议的标准被剔除了,该题项原表述为:来澳门新八佰伴购物旅游节消费,能使我充满活力。由于本题项的衡量构面为"转移",即购物旅游可以使我转移某些事情,其他 5 项如"忘记焦虑""向朋友倾诉""逃避日常生活"等均属于某种形式的转移,"充满活力"可能属于转移之后的结果,进而导致了该题项的信度分析结果与其他题项一致性不足。尽管如此,如上所述量表的总体信度和效度达到较好的水平,其他题项也均符合学者建议的检验标准,这充分表明本研究量表的题项在选取上是合理的,其结果也是较为理想的。

6.1.2 实证分析结果的讨论

通过文献分析,在霍华德-谢思消费行为理论基础上,本研究建构了购物旅游消费行为模型,再通过深度访谈法修订了量表。随后,通过结构方程等实证研究方法进行分析,所有的理论假设都得到了验证。如表 6-1 所示是所有假设检验的结果。

表 6-1 研究假设的验证结果

假设	路径	标准化路径系数	S.E.	C.R.	P	结论
H1	目的地形象→购物旅游动机	0.205	0.051	3.292	***	成立
H2	目的地形象→购物旅游感知价值	0.158	0.063	2.719	0.007	成立
H3	目的地信任→购物旅游动机	0.160	0.056	2.723	0.006	成立
H4	目的地信任→购物旅游感知价值	0.200	0.068	3.711	***	成立
H5	企业品牌认同→购物旅游动机	0.227	0.050	3.715	***	成立
H6	企业品牌认同→购物旅游感知价值	0.142	0.062	2.478	0.013	成立
H7	感知促销利益→购物旅游动机	0.207	0.060	3.058	0.002	成立
H8	感知促销利益→购物旅游感知价值	0.367	0.077	5.585	***	成立
H9	购物旅游动机→感知价值	0.129	0.086	1.984	0.047	成立
H10	购物旅游动机→行为意向	0.286	0.072	3.981	***	成立
H11	购物旅游感知价值→行为意向	0.157	0.051	2.339	0.019	成立

注:*** 表示 $P<0.001$。

1) 目的地形象对购物旅游动机和购物旅游感知价值产生显著正向影响

从结构方程模型分析结果来看,目的地形象对购物旅游动机有显著正向影响($\beta=0.205, P<0.001$),目的地形象对购物旅游感知价值具有显著正向影响($\beta=0.158, P<0.01$)。

事实上,很多学者的实证研究早已表明,目的地形象对购物旅游动机和购物旅游感知价值具有显著正向影响。目的地形象越好,游客的购物旅游动机等决策行为就会越强,购物后的感知价值就会越好(Chen and Kerstetter,1999;贺爱忠和李钰,2010;Lee and Lee,2011;张宏梅,2011;白凯,2012;王纯阳,2013;Phau 等,2014)。

因此,实证研究的结果分析证明了目的地形象对购物旅游动机和购物旅游感知价值有正向影响,这与本研究的结果相吻合。总体而言,当目的地呈现较好的形象时,游客才会产生较强的购物旅游动机和较高的购物旅游感知价值。因此,地方政府设法改善目的地形象,才能提高游客的购物旅游动机和购物后的感知价值。

2) 目的地信任对购物旅游动机和购物旅游感知价值产生显著正向影响

从结构方程模型分析结果来看,目的地信任对购物旅游动机有显著正向影响($\beta=0.160,P<0.01$),目的地信任对购物旅游感知价值具有显著正向影响($\beta=0.200,P<0.001$)。

这表明游客对目的地的信任度越高,游客的购物旅游动机就会越强,购物后的感知价值就会越高。这与学者 McKnight 等(2002)、卢峰华(2005)、王亮(2009)、沈鹏耀(2012)、姚延波等(2012)、曹文萍和许春晓(2014)、Choi and Law (2016)的观点一致。

因此,通过宣传弘扬诚信,以诚信理念服务游客,可以提高游客对目的地的信任度,进而使游客产生较强的购物旅游动机,以及较高的购物旅游感知价值。

3) 企业品牌认同对购物旅游动机和购物旅游感知价值产生显著正向影响

从结构方程模型分析结果来看,企业品牌认同对购物旅游动机有显著正向影响($\beta=0.227,P<0.001$),企业品牌认同对购物旅游感知价值具有显著正向影响($\beta=0.142,P<0.05$)。

游客对企业品牌的认可度越高,游客的购物旅游动机就会越强,购物后的感知价值就会越高。这与学者 Belen 等(2001)、Kuenzel and Halliday(2008)、Cornwell and Coote (2008)、Kuenzel and Halliday (2010)、姚曦和李娜(2018)、王洁和张晓霞(2018)的研究观点一致。

游客的认同感越强烈,其购买意愿(动机)也会越强烈,这是非常朴素的消费者心理。商家需要做的便是持续宣传自身品牌,打造维护品牌,创百年品牌,使得游客对企业的品牌产生高度认同和依赖感,进而使游客产生较强的购物欲望和较高的购后感知价值。

4) 感知促销利益对购物旅游动机和购物旅游感知价值产生显著正向影响

从结构方程模型分析结果来看,感知促销利益对购物旅游动机有显著正向影响($\beta=0.207,P<0.01$),感知促销利益对购物旅游感知价值具有显著正向影响($\beta=0.367,P<0.001$)。

这表明游客对企业品牌的认可度越高,游客的购物旅游动机就会越强,购物后的感知价值就会越高。国外学者 Alba(1994,1999)、Alrawadieh 等(2019)、Dodds(1991)、Della 等(1992)、Gupta and Cooper(1992)的研究充分证明了这个结论,国内学者胡珊珊(2011)、陈笑仙(2019)的研究观点也与本研究观点基本相同。

在实际消费中,顾客的购买意愿会随着感知利益的变化而变化,主要通过促销等活动实现。因此,为了提高顾客的消费欲望,商家应统计研究不同的促销方式,要关注顾客对促销利益的感知。

5) 购物旅游动机对购物旅游感知价值和行为意向产生显著正向影响

从结构方程模型分析结果来看,购物旅游动机对购物旅游感知价值有显著正向影响($\beta=0.129, P<0.05$),购物旅游动机对行为意向具有显著正向影响($\beta=0.286, P<0.001$)。

游客购物旅游动机越强,购后的感知价值、重购及推荐等行为意向就会越强烈。这与学者 Crompton(1979)、Lundberg(1990)、Lo 等(2011)、王朝辉等(2011)、王心等(2015)、史坤博(2015)的研究观点一致。

因此,通过提升目的地形象、目的地信任、企业品牌认同和感知促销利益,进而使游客产生更加强烈的购物旅游动机,以及购物饥渴感,提升游客购物旅游感知价值、重购及推荐等行为意愿。

6) 购物旅游感知价值对行为意向产生显著正向影响

从结构方程模型分析结果来看,购物旅游感知价值对行为意向有显著正向影响($\beta=0.157, P<0.05$)。

游客购物旅游感知价值越强,重购及推荐等行为意向就会越强烈。这与学者 Grisaffe and Kumar(1988)、Gross(1997)、Zeithaml(1998)、董大海等(2003)、Bakirtas and Bakirtas(2015)、Chen(2019)的研究观点一致。

总之,通过提升目的地形象、目的地信任、企业品牌认同和感知促销利益,进而提升游客的购物旅游感知价值,游客便会愿意再次购买,以及向他人推荐。

6.2 研究贡献与启示

6.2.1 理论上的贡献与启示

本研究综合使用了定性研究和定量研究相结合的方法,基于霍华德-谢思消费行为理论，对购物旅游消费行为成因及作用机制开展研究。虽然先前国内外学者在购物旅游方面已有研究，但普遍存在理论较为陈旧、粗浅分析少数几个相关变量间关系的问题，这方面是研究空白。具体而言，本研究通过文献回顾分析，基于霍华德-谢思消费行为理论，总结出了购物旅游消费行为中最为关键的购物旅游动机的内涵结构和影响变量，并进一步对目的地形象、目的地信任、企业品牌认同、感知促销利益、购物旅游动机、购物旅游感知价值和行为意向等变量间的关系模型进行了实证检验，厘清了目的地形象、目的地信任、企业品牌认同、感知促销利益等因素与购物旅游动机和购物旅游感知价值的关系"如何"及"怎么"产生作用，清晰、完整地揭示了购物旅游消费行为动机成因及作用机制。本研究的几点理论贡献如下。

1) 厘清了购物旅游的概念

相对而言，学术界对购物旅游的研究兴趣相对较少，定义也不是很严谨和统一。Michalko(2004)从购物费用占旅游总体费用比例的角度，对购物旅游概念进行界定。肖玲(2004)和张建融(2007)认为，购物旅游是一种特种的旅游活动，侧重从旅游活动范围的边界对其界定。Yu and Littrell(2003)则从感知觉等附带活动方面对购物旅游进行定义。总体来看，目前对购物旅游的学术定义，存在范围不清晰、不全面或侧重于某一范畴的现象。

在先前学者研究的基础上，通过文献回顾分析，本研究从旅游、商业、心理、行为等多个角度全方位对购物旅游进行了较为严谨的概念界定，指出购物旅游属于特种旅游的一种，是指凭借某种优势、借助产品销售市场或主题经贸商街，以购物为关键目的的独特旅游主题活动，它包含旅游客在旅游目的地的个人购物行为及购物全过程中造成的其他个人行为等。对购物旅游的定义进行清晰的描述，为本研究及后续相关研究提供了较为严谨的前提条件和学术概念。

2) 丰富了购物旅游消费行为研究的理论基础

基础理论对本研究工作至关重要，先前购物旅游消费行为的研究存在理论基础不清晰和理论运用较为混乱的现象，这可能与购物旅游是一个多学科交叉研究领域有关。孙治和包亚芳(2009)的研究运用刺激—反应消费行为理论，Peter and Anandkumar(2015)研究的理论基础主要是旅游研究领域经常使用的推拉理论，另外，更多的研究仅仅以文献分析归纳出理论研究模型(黄鹂等，2009；胡华，2009；刘力等，2010；Byung and Hyojin，2016；Manoj，2017；Heesup and Sunghyup 2018)。研究结果和理论基础选用密切相关，甚至可能出现结论不全面的现象，比如王彩妮和陈晓娜(2016)以推拉理论为基础，对香港铜锣湾游客购物旅游行为开展研究，确定购物旅游的促进和带动动机因素，确立动机对游客满意度的作用机制,但是购物旅游行为绝非简单的买卖行为,当中包含着复杂的心理感知过程,如情感价值、社会价值和服务价值等,这一重要的环节在先前学者的研究中是缺失的。

霍华德-谢思消费行为理论源于刺激—反应理论概念,但是其理论更为全面,过程更为严谨,覆盖了消费行为的投入、内部建构、产出等各个环节,形成了消费行为闭环,也是购物旅游消费行为研究较为理想的理论基础。本研究通过文献回顾分析,以霍华德-谢思消费行为理论为基础,结合旅游学理论成果,理顺总结出引起购物旅游行为的四个先导变量,创新性地提出购物旅游消费行为理论假设模型,并成功地进行了实证分析验证。事实证明,本研究将霍华德-谢思理论运用于购物旅游消费行为研究是非常成功的,虽然在文献回顾中发现已有学者以霍华德-谢思消费行为理论为基础,提出了需求—适应性购物旅游者模型,但分析仅局限于购物旅游的需求类型(Lee,2018),且仅此发现一篇文献。因此,本研究对霍华德-谢思消费行为理论的成功创新运用,在购物消费行为研究的基础理论运用方面起到了抛砖引玉的作用,有助于后续研究从该理论视角进行更加深入的探讨。

3)整合提炼了某些研究变量的维度

根据理论需求和文献回顾分析,本研究选取了目的地形象7个变量,其中目的地形象等变量的维度研究成果丰富,各维度研究的使用范围界定较清晰,观点较统一,但也存在目的地信任、购物旅游感知价值的维度研究观点不一致或者使用范围不明确的情况。

在目的地信任的维度研究方面,整体呈现了从单维度到多维度的发展过程,且时间跨度较大,较早关于目的地信任维度的研究可以追溯到1964年Blau关于目的地信任的三维度研究划分,后来陆续出现了四维度的研究成果,经过文献回顾分析发现关于目的地信任的维度研究中,提及较多的有仁慈、诚信和能力等。但2016年M.Choi等的研究证实目的地的可预测性和良好的声誉对目的地的信任而言也是至关重要的,但遗憾的是M.Choi等的研究中关于目的地信任的维度仅提及以上两项。

关于购物旅游感知价值的维度,则出现了研究的空白,学者们分别对购物行为和旅游行为的感知价值维度进行过深入的探讨。购物行为感知价值维度研究方面较为成熟的是Sweeney and Soutar(2001)研究开发的PERVAL量表,提炼出情感价值、社会价值、功能价值(质量、性能)和功能价值(价格、物有所值)4个维度。对旅游行为感知价值维度的文献进行回顾后,发现服务价值被多位学者提及并进行实证检验,确定其为旅游行为感知价值的重要维度之一(Gallarza and Saura,2006;李文兵,2011;周玮等,2012;王莉等,2014),这可能与旅游活动本身带有较多无形服务有较大关系。

本研究在充分详细地对前人研究成果进行分析的基础上,创新性地结合M. Choi 等(2016)的研究成果,提炼出了目的地信任的五维度模型;结合PERVAL 量表和旅游行为感知价值维度的研究成果,提炼出了适合本研究的购物旅游感知价值四维度模型。实证分析也表明,对于目的地信任、购物旅游感知价值两个变量维度的探讨和创新是非常成功的,这可能为今后类似的研究提供了一些借鉴和酌参。

4)在购物旅游研究领域,实证分析了目的地形象的重要性

从结构方程模型分析结果来看,目的地形象对购物旅游动机具有显著正向影响($\beta=0.205, P<0.001$);目的地信任对购物旅游动机具有显著正向影响($\beta=0.160, P<0.01$)。从 P 值等数据指标来看,对购物旅游动机而言,相比目的地信任,目的地形象显得更为重要。

方雅贤(2015)曾对旅游目的地形象和动机等行为进行研究,发现旅游目的地形象对旅游动机行为有显著正向影响($\beta=0.237, P<0.001$),旅游目的地信任对旅游动机行为有显著正向影响($\beta=0.679, P<0.001$),这意味着对旅游动机行为而言,旅游目的地信任比旅游目的地形象更为重要,这与本研究的结果有较大不同。

针对该不同现象,本研究对有关文献进行了重新回顾分析。从文献角度来看,方雅贤(2015)的研究侧重于从旅游行为角度分析目的地形象和信任对动机行为的影响。旅游目的地形象的变量及维度选取了文化氛围、基础设施、安全等题项,旅游目的地信任的变量及维度则选用了喜欢、放心等题项,动机维度选取了愿意及乐意旅游等题项。本研究中目的地形象从认知和情感形象两方面进行测量,目的地信任关注于仁慈、诚信、能力、可预测性和声誉 5 个维度,购物旅游动机则创新性地选择了转移、社交和功利 3 个测量维度。这充分说明了与纯粹的旅游行为相比,购物旅游行为更侧重于关注目的地形象,充分凸显了目的地形象在购物旅游行为研究领域的重要价值,值得后续开展深入研究。

5)论证了企业应该持续关注树立品牌意识

本研究路径分析显示,企业品牌认同对购物旅游动机有显著正向影响($\beta=0.227, P<0.001$),感知促销利益对购物旅游动机有显著正向影响($\beta=0.207, P<0.01$),从 P 值等数据比较分析,对购物旅游动机而言,企业品牌认同(企业行为)比感知促销利益(个体感受)更为重要。然而,通过文献回顾,发现吕庆华、林炳坤和梅雪芹(2019)对老字号品牌与消费者感知进行过实证研究,显示品牌声

誉认同对消费意愿有显著正向影响（$\beta=0.14, P<0.01$），消费者感知利益对购买意愿有显著正向影响（$\beta=0.75, P<0.001$），指出对购买意愿而言，相比较品牌声誉认同，消费者感知显得更加重要。

本研究认为，出现以上研究结果的异同，其原因可能与研究量表的选取有关系。吕庆华、林炳坤和梅雪芹（2019）的研究中，品牌声誉认同的量表来源于Chaudhuri and Holbrook（2001）的研究成果，消费者感知利益量表则来源于Shams（2015）and Hubert（2017）的研究成果。而本研究中，企业品牌认同量表主要参照Rio（2001）和金立印（2005）的研究成果，感知促销利益量表则来源于Chandon（2000）的研究成果以及访谈结果。这充分说明，不同的维度和量表选取对于研究结果会产生重要甚至是截然不同的影响。在实际经营过程中，本研究的结论也是非常实用的，相较于短暂的降价促销行为，企业实则应该持续关注品牌的打造与维持。

6）探讨及提供了可能的理论假设研究方向

通过实证分析，本研究的11个理论假设均成立，但其中H9（购物旅游动机对感知价值产生显著影响）表现不太理想。虽然H9假设成立，但标准化路径系数为$\beta=0.129, P=0.47$，这与先前部分学者的研究成果不太契合。比如，王心等（2015）的实证研究表明，游客赴澳门的文化遗产旅游动机对感知价值有显著正向影响，其路径系数β可达到0.676，显著水平$P<0.001$。

针对H9研究假设数据表现不太理想的情况，本研究对有关文献进行了重新回顾分析。从文献角度来看，先前关于H9假设依据的文献，主要从旅游活动行为的角度进行分析论证旅游动机对感知价值的影响（Lo等，2011；王朝辉等，2011；王心等，2015；史坤博，2015），这与本研究的购物旅游还是有所区别的。因此，本研究推测出现H9假设实证分析数据不理想的原因，可能是购物旅游行为动机与其他一般旅游活动动机在强度及与感知价值关系方面存在一定区别，这也印证了生活中的一句俗语"期望越大，失望越大"。关于本研究H9假设（购物旅游动机和购物旅游感知价值的影响关系）的实证分析结果及有关讨论，应该可以为未来同类研究提供一些探讨方向或一定的借鉴。

6.2.2 现实应用的贡献与启示

1）注重打造良好的目的地形象

研究证实发现，目的地形象和目的地信任与购物旅游动机和感知价值均具有显著的正向影响关系，这充分说明形象和信任在购物旅游消费活动中的重要性。事实上，目的地形象和目的地信任本身就是具有密切联系的两组概念，良好的形象必然产生充分的信任，长久的信任又会促进形象的提升。

这就要求地方政府和商家，甚至目的地居民，高度具备形象意识。通过树立良好的目的地形象，增强游客对目的地的信任，吸引游客到访，从而产生购物旅游动机，优化感知价值，提高重购及推荐的行为意向。具体而言，可从影响目的地形象和目的地信任的维度入手，主要包括：良好的交通、休闲娱乐及住宿等基础设施；便利的签证政策；令人愉快、松弛、激动及精神振奋的购物环境；耐心对购物游客提供帮助；提供充足的商品，满足购物需求；注重维护诚信，维护城市及商家的声誉。

2）重视宣传企业品牌价值

本研究发现，企业品牌认同、购物旅游动机和感知价值均具有显著的正向影响关系，这说明品牌的认同感在购物旅游消费活动中的重要性。百年老店塑造百年品牌，树立品牌观念，提升品牌意识，才是企业的可持续生存之道。

政府和商家都应该树立品牌意识，通过提升游客对企业的品牌认同感，从而激发购物旅游动机和感知价值。具体而言，可从影响企业品牌认同的维度入手，主要包括：倡导游客认同的消费价值观；打造符合游客个性形象的品牌；通过品牌能够展现游客的社会地位；通过品牌认同，能够使游客赢得他人的尊重。

3）提高促销质量，关注游客对促销的感知

研究证实，感知促销利益、购物旅游动机和感知价值均具有显著的正向影响关系，这说明游客对促销利益的感知，在购物旅游行为中非常重要，感知促销利益的高低直接关系到游客的购物动机和感知价值。

企业应通过市场调研，清楚地了解不同的促销方式引起游客促销利益感知的程度，果断摒弃那些不能引起游客共鸣的落后的促销方式，勇于尝试新型的、消费者能产生共鸣的消费方式。具体而言，可从影响感知促销利益的维度着手，主要包括：让游客觉得促销很省钱；让游客觉得以同样甚至更低的价格获得了质量更高的产品；使得游客有更好的购物计划，使购物变得简单快捷；让游客觉得自己是一个聪明的购物者。

4）强化购物旅游体验的功能和作用，应对网购的挑战

随着互联网的兴起，网络购物快速发展，出现了淘宝、天猫、拼多多、亚马逊等大型电商平台，网购已经成为人们生活中必不可少的日常行为，深刻影响着人们的消费观念和习惯。然而，研究认为虽然网购日益盛行，但是实体店的购物绝对不会消失，尤其是购物旅游等特殊的实体店消费行为，更因其不同于网购的独特购物体验，随着时代的发展，可能会越发兴盛。

Kim and Jin(2003)的研究认为,购物旅游具有转移和社交的功能,可以逃避日常生活、享受融入集体的快乐等。马凌等(2012)研究也指出,购物旅游是具有社会价值的,比如结识其他一起参加活动的新朋友、与当地人互动,以及融入当地环境等。总之,只要政府和商家致力于持续打造目的地和企业品牌,维护声誉,千方百计提升游客的购物旅游体验价值,便能够从容面对网购的冲击,实现共赢、多赢。

6.3 研究存在的问题及未来研究方向

6.3.1 研究存在的问题

1) 样本代表性不够全面

本研究的目的是探讨影响购物旅游动机和感知价值的相关因素,以及与行为意向之间的关系,因此仅选取参加具有代表性的大型节事活动"澳门新八佰伴购物旅游节"的购物旅游者为研究对象进行实证分析。样本的代表性不够全面,有关研究结论在其他非节事购物活动形式中的广泛适用性,有待验证。

2) 变量的维度较为局限

本研究中的目的地形象、目的地信任、企业品牌认同、感知促销利益、购物旅游动机、购物旅游感知价值和行为意向等变量及维度中,诸多探讨都是建立在历史文献回顾的基础上,在霍华德-谢思消费行为理论框架下,仅以先前部分学者的观点为基础,选定了合适的变量和维度进行研究分析,所以研究模型中变量或维度是否全面或有所遗漏,仍然需要进一步的探索和确认。同时,在不同购物种类的情况下,游客的购物消费行为变化,并未进行深入探讨。

3) 缺少动态的纵向研究

对于连续多年举办的购物旅游节,在不同时期,游客对于目的地形象、目的地信任、企业品牌认同、感知促销利益、购物旅游动机、购物旅游感知价值和行为意向的感知不同。本研究在正式调研阶段仅对某次活动开展单一研究,在建立长期跟踪机制,进行纵向比较研究方面稍显缺失。

6.3.2 未来研究方向

1) 多角度选取调研样本

在总结本研究有关结论的基础上,变换不同的研究对象和样本,探究理论模型的普遍适用性。不局限于固定的样本或研究对象,使用较为随意的研究方式,随时对样量做出调整,进行讨论分析。

2) 增加维度的多样性

对于本研究中几个变量的维度,已经有很多学者进行过深入探讨,且研究成果颇丰,使用不同学者的维度研究成果,就本研究模型开展验证分析,探讨不同维度情况下研究成果的差异性。

3) 对购物旅游活动的消费者行为进行深入研究

本研究主要探讨目的地形象、目的地信任、企业品牌认同、感知促销利益、购物旅游动机、购物旅游感知价值和行为意向之间的关系,试图建立购物旅游消费行为的研究范式。事实上,购物旅游消费活动既是消费行为,同时也是旅游行为,对其行为的研究涉及多个方面,要开展不同方向、不同角度的深入研究。

4) 有计划地开展动态研究

制订详细计划,跟踪研究澳门新八佰伴购物旅游节,同时对购物旅游节举办前、举办中、举办后的多个时间段进行跨时间的比较研究。探讨游客在不同的时间段内对目的地形象、目的地信任、企业品牌认同、感知促销利益、购物旅游动机、购物旅游感知价值和行为意向的感知动态变化,为预测购物旅游节事前、事中和事后游客的行为反省,并为制定有针对性的营销措施提供依据。

5) 调查不同购物种类并作延伸比较研究

在本研究量表的基础上,加入对不同具体购物种类的调查,并做延伸,进行比较研究。事实上,在基本理论框架不变的前提下,不同消费品种类的购物动机及其感知价值,会呈现出细微的差别,比如家用电器与化妆品、食物与衣服等,对此进行动机、感知价值及行为意向等购物旅游消费行为之间的横向比较分析,将会是非常有意义的一个研究案例。

6) 针对不同的利益相关者进行研究

从研究对象的选择来看,不同的利益主体对目的地形象、目的地信任、企业品牌认同、感知促销利益、购物旅游动机、购物旅游感知价值和行为意向的态度存在显著差异。探讨除了普通游客外,诸如代购者、分销商等的购物旅游动机、感知价值等问题,针对不同的利益相关者进行分析研究,将会是未来研究的方向之一。

参 考 文 献

[1] 丁丽英.基于计划行为理论的福州居民赴台旅游行为意向研究[J].吉林师范大学学报(自然科学版),2013,34(1).

[2] 毛小岗,宋金平.旅游动机与旅游者重游意向的关系研究:基于logistic模型[J].人文地理,2011,26(6).

[3] 王大悟,魏小安.新编旅游经济学[M].上海:上海人民出版社,1998.

[4] 王心,柳嘉信,贺文龙.旅游动机、感知价值与目的地忠诚度关系研究——以澳门文化遗产旅游为例[J].当代港澳研究,2015(2).

[5] 王刚,董观志,张巧玲.主题公园游客流稳定性测评——以深圳华侨城为例[J].经济管理,2009(1).

[6] 王纯阳,黄福才.基于SEM的旅游目的地形象影响因素研究——以张家界为例[J].经济管理,2021,32(3).

[7] 王润,刘家明,祖治平.主题购物旅游发展条件与对策[J].华东经济管理,2010,24(11).

[8] 田雨.旅行社服务质量与游客感知价值、满意度及行为意向的关系研究[D].武汉:华中科技大学,2010.

[9] 白凯,吕洋洋,李薇薇.旅游网站信息类型、品牌与服务保证对网站信任的影响[J].旅游学刊,2014,29(3).

[10] 朱诗荟,姜洪涛.节事活动参与者的动机研究——以中国南京国际梅花节为例[J].北京第二外国语学院学报,2012,34(11).

[11] 吴晋峰.旅游目的地形象"拼图"及测评方法[J].陕西师范大学学报(自科版),2014,42(6).

[12] 吕庆华,林炳坤,梅雪芹.老字号品牌创新的前因后果:基于消费者感知视角[J].华侨大学学报(哲学社会科学版),2019(1).

[13] 李文兵.古村落游客忠诚模型研究——基于游客感知价值及其维度视角[J].地理研究,2011,30(1).

[14] 李伟卿,池毛毛,王伟军.基于感知价值的网络消费者偏好预测研究[J].管理学报,2021,18(6).

[15] 李玺,叶升,王东.旅游目的地感知形象非结构化测量应用研究——以访

澳商务游客形象感知特征为例[J].旅游学科,2011,26(12).

[16] 杜江.论旅游企业跨国经营的形式与特征[J].旅游学刊,2001(5).

[17] 汪侠,梅虎.旅游地顾客忠诚模型及实证研究[J].旅游学刊,2006(10).

[18] 沈鹏熠.旅游目的地品牌资产的结构及其形成机理——基于目的地形象视角的实证研究[J].经济经纬,2014,31(1).

[19] 肖玲.购物旅游——广东省旅游购物发展的新亮点[J].华南师范大学学报(自然科学版),2002(3).

[20] 周玮,黄震方,殷红卫,等.城市公园免费开放对游客感知价值维度的影响及效应分析——以南京中山陵为例[J].地理研究,2012,31(5).

[21] 季靖.身份动机对品牌认同的影响[D].杭州:浙江大学,2014.

[22] 尚凤标,周武忠.基于游客感知的购物旅游目的地吸引力实证研究——以义乌为例[J].东南大学学报(哲学社会科学版),2012,14(2).

[23] 林巧,戴维奇.旅游目的地网络口碑信任度影响因素研究[J].北京第二外国语学院学报,2008(7).

[24] 金立印.基于品牌个性及品牌认同的品牌资产驱动模型研究[J].北京工商大学学报(社会科学版),2006(1).

[25] 姚曦,李娜.一带一路视野下中国品牌认同形成的影响机制探析——基于文化认同的视角[J].广告大观(理论版),2018(5).

[26] 胡田,郭英之.旅游消费者在线购买旅游产品的信任度、满意度及忠诚度研究[J].旅游科学,2014,28(6).

[27] 席祎静.发展商贸服务业 建设浙中商业购物中心[J].社科纵横(新理论版),2011,26(2).

[28] 徐佳,由亚男,李东.感知差异下边境购物旅游满意度实证研究——以霍尔果斯口岸为例[J].新疆财经大学学报,2015(2).

[29] 耿波.基于TAM的消费者网络购物意向的影响因素分析[J].统计与决策,2012(23).

[30] 马凌,保继刚.感知价值视角下的传统节庆旅游体验——以西双版纳傣族泼水节为例[J].地理研究,2012,31(2).

[31] 邓举青.消费者价值感知维度下文创产品营销策略创新[J].商业经济研究,2021(11).

[32] 高丹.旅游主体信任影响因素与旅行社信任构建策略研究[D].成都:四川大学,2007.

[33] 高海霞.消费者的感知风险及减少风险行为研究——基于手机市场的研

究[D].杭州:浙江大学,2003.
[34] 屠如骥.旅游心理学[M].天津:南开大学出版社,1986.
[35] 张宏梅,陆林,章锦河.感知距离对旅游目的地之形象影响的分析——以五大旅游客源城市游客对苏州周庄旅游形象的感知为例[J].人文地理,2006(5).
[36] 张宏梅,陆林,蔡利平,等.旅游目的地形象结构与游客行为意图——基于潜在消费者的本土化验证研究[J].旅游科学,2011,25(1).
[37] 张言庆.游客游后行为倾向前因实证研究——以青岛国内休闲游客为例[J].旅游学刊,2008(3).
[38] 张彦,刘长喜,吴淑凤.社会研究方法[M].2版.上海:上海财经大学出版社,2016.
[39] 张涛.饮食旅游动机对游客满意度和行为意向的影响研究[J].旅游学刊,2012,27(10).
[40] 张洪,方文杰,丁娟,等.国内旅游购物研究基本特征、主题脉络与发展进程——综合运用Cite Space和VOS viewer的知识图谱分析[J].合肥工业大学学报(社会科学版),2021,35(2).
[41] 敖娇.B2C网络购物顾客感知价值、购物价值和行为意向关系研究[D].上海:东华大学,2014.
[42] 曹文萍,许春晓.旅游目的地信任与趋近行为意向关系研究——以韶山为例[J].北京第二外国语学院学报,2014,36(9).
[43] 郭安禧,黄福才,孙雪飞.旅游动机对目的地形象的影响研究——以厦门市为例[J].财经问题研究,2014(6).
[44] 郭亚军.旅游者决策行为研究[D].西安:西北大学,2010.
[45] 郭佳.旅游目的地形象与游客满意度及忠诚度的关系研究[D].哈尔滨:哈尔滨工业大学,2009.
[46] 郭倩倩,胡善风,朱红兵.基于计划行为理论的乡村旅游意向研究[J].华东经济管理,2013,27(12).
[47] 陈江伟.购物旅游区成长的影响因子与运营机制研究——以义乌国家4A级购物旅游景区为例[J].经济问题,2013(4).
[48] 陆书.旅游目的地形象对重游意愿的影响研究——以来杭台湾游客为例[J].浙江学刊,2013(4).
[49] 傅春林.自主品牌汽车的品牌认同现状研究[J].安徽工业大学学报(社会科学版),2018,35(6).

[50] 彭凯平.经济人的心理博弈:社会心理学对经济学的贡献与挑战[J].中国人民大学学报,2009,23(3).

[51] 贺爱忠,李钰.商店形象对自有品牌信任及购买意愿影响的实证研究[J].南开管理评论,2010,13(2).

[52] 黄鹂,李启庚,贾国庆.旅游购物体验要素对顾客价值及其满意和购买意向的影响[J].旅游学刊,2009,24(2).

[53] 涂红伟,熊琳英,黄逸敏,等.目的地形象对游客行为意愿的影响——基于情绪评价理论[J].旅游学刊,2017,32(2).

[54] 杨会娟,蔡君.观光采摘节游客动机以及满意度研究—以北京通州葡萄采摘节为例[J].四川林勘设计,2007(3).

[55] 温梦.基于霍华德-谢思模式80后快时尚服饰消费行为研究[D].青岛:青岛大学,2018.

[56] 董大海,金玉芳.作为竞争优势重要前因的顾客价值:一个实证研究[J].管理科学学报,2004(5).

[57] 邹梦碧,陈文晶.网络购买"意向—行为"过程及影响因素研究[J].北京邮电大学学报(社会科学版),2012,14(3).

[58] 雷宇,张宏梅,徐菲菲,等.中国国家形象感知的跨文化比较——以中国,英国,美国大学生为例[J].旅游学刊,2015,30(3).

[59] 刘力.旅游目的地形象感知与游客旅游意向——基于影视旅游视角的综合研究[J].旅游学刊,2013,28(9).

[60] 刘力,吴慧.旅游动机及其对游客满意和游后行为意向的影响研究——以九华山韩国团体旅游者为例[J].旅游论坛,2010,3(2).

[61] 刘满成,石卫星,章华东.基于年龄变量分组的消费者电子商务采纳影响因素分析[J].统计与决策,2015(11).

[62] 刘建峰,王桂玉,张晓萍.基于表征视角的旅游目的地形象内涵及其建构过程解析——以丽江古城为例[J].旅游学刊,2009,24(3).

[63] 刘纯.旅游心理学[M].北京:科学出版社,2004.

[64] 刘卫梅,林德荣.旅游者目的地信任:形成机制及溢出效应[J].经济管理,2019,41(7).

[65] 范秀成,罗海成.基于顾客感知价值的服务企业竞争力探析[J].南开管理评论,2003(6).

[66] 郑小勇.品牌宽度与消费者对品牌认同度的关系研究[J].工业技术经济,2007(5).

[67] 黎健美.旅行社服务质量对游客信任及游客满意度的影响研究[D].广州:华南理工大学,2013.

[68] 黎洁.论旅游目的地形象及其市场营销意义[J].桂林旅游高等专科学校学报,1998(1).

[69] 龙涛,张延平.大型节事中志愿者参与动机的实证研究——以2010年上海世界博览会为例[J].旅游学刊,2011,26(4).

[70] 谢婷,刘爱利.绿色饭店企业形象与消费者行为意向关系探研[J].企业经济,2016,35(2).

[71] 谢礼珊,彭家敏,王帅.旅游预订网站顾客所感知的关系利益对顾客忠诚感的影响——兼论替代者吸引力的调节作用[J].旅游科学,2009,23(5).

[72] 颜意娜.我国大众体育参与性消费行为的探索研究——以杭州市羽毛球活动消费为例[J].中国体育科技,2009,45(3).

[73] 宝贡敏,胡抚生.旅游目的地形象对游客购后行为的影响研究——基于来杭日韩游客视角的分析[J].旅游学刊,2008(10).

[74] Alrawadieh Z, Kozak M. Exploring the impact of tourist harassment on destination image, tourist expenditure, and destination loyalty[J]. Tourism management,2019,73.

[75] Choi M, Law R, Heo C Y. Shopping destinations and trust-tourist attitudes: Scale development and validation[J]. Tourism Management,2016,54.

[76] Kong W H, Chang T Z. The role of souvenir shopping in a diversified Macau destination portfolio[J]. Journal of Hospitality Marketing and Management,2012,21(4).

[77] Baruca A, Zolfagharian M. Cross-border shopping: Mexican shoppers in the US and American shoppers in Mexico[J]. International Journal of consumer studies,2013,37(4).

[78] Chen Z. A qualitative pilot study exploring tourists' pre-and post-trip perceptions on the destination image of Macau[J]. Journal of Travel and Tourism Marketing,2019,36(3).

[79] Cheon Y S. A Study on the relationship among physical environment of festivals, perceived value, participation satisfaction, and festival image[J]. International review of management and marketing,2016,6(5).

[80] Choi M, Law R, Heo C Y. An investigation of the perceived value of

shopping tourism[J]. Journal of travel Research,2018,57(7).

[81] Doong H S,Wang H C,Law R. An examination of the determinants of in-flight duty-free shopping: Hedonic and utilitarian motivations[J]. International Journal of Tourism Research,2012,14(3).

[82] Harun A,Obong A,Kassim A W M,et al. The effects of destination image and perceived risk on revisit intention: A study in the South Eastern Coast of Sabah, Malaysia[J]. E-review of Tourism Research, 2018,15(6).

[83] Han H, Hyun S S. Investigating customers' shopping behaviors at airport duty-free shops: Impact of shopping flow and alternative shopping malls' attractiveness[J]. Asia Pacific Journal of Tourism Research,2018,23(7).

[84] Kim B G, Kim H. The shopping values of Chinese tourists: An investigation of shopping attributes and satisfaction[J]. E-review of Tourism Research,2016,13.

[85] Kim Y H,Duncan J,Chung B W. Involvement, satisfaction, perceived value,and revisit intention: A case study of a food festival[J]. Journal of culinary science and technology,2015,13(2).

[86] Kim M J,Chung N,Lee C K. The effect of perceived trust on electronic commerce: Shopping online for tourism products and services in South Korea[J]. Tourism Management,2011,32(2).

[87] Luo Q,Lu X. A Study of Inbound Business Tourists' Shopping Behavior and Influencing Factors—A Case Study of the Canton Fair in Guangzhou [J]. Journal of China Tourism Research,2011,7(2).

[88] Mashwama V C,Chiliya N,Chuchu T. Destination image of Swaziland: perceptions of local and international tourists[J]. 2019.

[89] Nunkoo R,Ramkissoon H,Gursoy D. Public trust in tourism institutions [J]. Annals of Tourism Research,2012,39(3).

[90] Manhas P S, Manrai L A, Manrai A K. Role of tourist destination development in building its brand image: A conceptual model[J]. Journal of Economics, Finance and Administrative Science, 2016, 21 (40).

[91] Phau I, Quintal V, Shanka T. Examining a consumption values theory

approach of young tourists toward destination choice intentions[J]. International Journal of Culture, Tourism and Hospitality Research, 2014,8(2).

[92] Pike S, Page S J. Destination Marketing Organizations and destination marketing: A narrative analysis of the literature [J]. Tourism management,2014,41.

[93] Prayag G, Hosany S, Muskat B, et al. Understanding the relationships between tourists' emotional experiences, perceived overall image, satisfaction,and intention to recommend[J]. Journal of travel research, 2017,56(1).

[94] Reid M, Thompson P, Mavondo F, et al. Economic and utilitarian benefits of monetary versus non-monetary in-store sales promotions[J]. Journal of marketing management,2015,31(3-4).

[95] Saayman M, Saayman A. Shopping tourism or tourists shopping? A case study of South Africa's African tourism market [J]. Tourism Economics,2012,18(6).

[96] Kuenzel S, Halliday S V. The chain of effects from reputation and brand personality congruence to brand loyalty: The role of brand identification [J]. Journal of Targeting, Measurement and Analysis for Marketing, 2010,18.

[97] Taj Nesaei H R, Farooqi H, Mahdieh O. Investigating the effect of motivators for shop space on buyer behavior at the point of purchase (the case study of Sanandaj Refah store)[J]. International Journal of Humanities and Cultural Studies (IJHCS),2016,1(1).

[98] Tian X, Li Y. Key factors of people's willingness to pay for green buildings in a less developed region in China: A pilot research effort in Shanxi Province [J]. International review for spatial planning and sustainable development,2018,6(3).

[99] Wang C, Hsu M K. The relationships of destination image, satisfaction, and behavioral intentions: An integrated model[J]. Journal of Travel and Tourism Marketing,2010,27(8).

[100] Wong I K A, Wan Y K P. A systematic approach to scale development in tourist shopping satisfaction: Linking destination attributes and

shopping experience[J]. Journal of Travel Research,2013,52(1).

[101] Wong I K A. Mainland Chinese shopping preferences and service perceptions in the Asian gaming destination of Macau[J]. Journal of Vacation Marketing,2013,19(3).

[102] Xu Y,McGehee N G. Shopping behavior of Chinese tourists visiting the United States: Letting the shoppers do the talking[J]. Tourism Management,2012,33(2).

[103] Zhang H,Fu X,Cai L A,et al. Destination image and tourist loyalty: A meta-analysis[J]. Tourism management,2014,40.

附　　录

附录1 "澳门新八佰伴购物旅游消费行为"前期调研访谈问卷

尊敬的女士/先生：

您好！这是 份有关澳门新八佰伴购物旅游消费行为的学术研究访谈问卷，目的是借此对购物旅游动机、感知价值和行为意向的相互关系进行研究。

本调查采用不记名方式，希望您根据真实情况如实填写，以保证信息的准确有效性。调查结果只作为学术研究用途，您填写的所有信息将会严格保密。回答本问卷不需要专业知识，完成本问卷不超过20分钟，感谢您的帮助与配合！

2019年2月

访谈问题如下：

问题一：您为什么会专程前往澳门八佰伴的购物旅游节购物？去那里购物有什么特别之处吗？

问题二：您在前往澳门八佰伴购物旅游节购物时是否已经有明确的采购目标？您为什么认为这些商品在澳门采购比较合适？

问题三：您在完成了澳门的购物之旅后，觉得在澳门八佰伴的购物旅游节进行购物划算吗？为什么？

问题四：可否简单说说澳门在您心目中的形象？可否简单说说八佰伴这个购物商场在您心目中的形象？

问题五：您觉得在澳门八佰伴的购物旅游节进行购物有哪些收获？您是否会向家人或朋友分享在澳门八佰伴购物旅游节的购物经历？哪些经历或经验你最愿意分享？

问题六：未来您还会再次前往澳门购物吗？您还会再次参加澳门八佰伴购物旅游节吗？如果您再次前往购物，您有购物的计划吗？会叫上家人或朋友一道前往吗？

"澳门新八佰伴购物旅游消费行为"前期调研访谈问卷整理

访谈游客基本情况：

编号	姓名	性别	年龄	职业
A1	陈女士	女	30 岁	公务员
A2	张女士	女	22 岁	大学生
A3	王女士	女	36 岁	公司会计
A4	杜女士	女	20 岁	大学生
A5	黄女士	女	35 岁	自由职业者
A6	郭女士	女	40 岁	公司职员
A7	马女士	女	46 岁	个体工商户
A8	刘女士	女	50 岁	公务员
A9	张女士	女	31 岁	教师
A10	隋女士	女	34 岁	房产销售
A11	韩女士	女	35 岁	教师
A12	滕女士	女	40 岁	个体工商户
A13	冯女士	女	55 岁	自由职业者
A14	龙女士	女	26 岁	自由职业者
A15	方女士	女	28 岁	公务员
B1	王先生	男	35 岁	个体工商户
B2	阙先生	男	21 岁	大学生
B3	王先生	男	33 岁	个体工商户
B4	蒋先生	男	21 岁	大学生
B5	欧阳先生	男	29 岁	教师

本次访谈受访游客共计20人：15位女性、5位男性。字母A代表女性游客，字母B代表男性游客。A1代表女性中第一位受访者，以此类推，至A15；B1代表男性中第一位受访者，以此类推，至B5。后面的数字代表段落，01代表第一段，以此类推。如NY-A1-01，代表第一位女性受访者访谈中的第一段。

NY-A1

Q1：您为什么会专程前往澳门八佰伴的购物旅游节购物？去那里购物有什么特别之处吗？

A1：朋友推荐的，听说八佰伴那边没假货，东西种类多。去那边购物比内地便宜很多,主要还是免税。

Q2:您在前往澳门八佰伴购物旅游节购物时是否已经有明确的采购目标？您为什么认为这些商品在澳门采购比较合适？

A1:不一定啊,有时候有,有时候没有,过去再看吧。澳门便宜啊。

Q3:您在完成了澳门的购物之旅后,觉得在澳门八佰伴购物旅游节进行购物划算吗？为什么？

A1:划算啊。效率很高,买了很多东西。

Q4:可否简单说说澳门在您心目中的形象？可否简单说说八佰伴这个购物商场在您心目中的形象？

A1:澳门挺亲和的,很有生活气息。商场也不错,据说是澳门最大的。

Q5:您觉得在澳门八佰伴的购物旅游节进行购物有哪些收获？您是否会向家人或朋友分享在澳门八佰伴购物旅游节的购物经历？哪些经历或经验你最愿意分享？

A1:买到了很多东西,称心如意。会推荐。经验的话主要是要提前做好采购计划,要买的东西太多了。

Q6:未来您还会再次前往澳门购物吗？您还会再次参加澳门八佰伴购物旅游节吗？如果您再次前往购物,您有购物的计划吗？会叫上家人或朋友一道前往吗？

A1:肯定要去。计划没有,太早了。会和家人一起。

NY-A2

Q1:您为什么会专程前往澳门八佰伴的购物旅游节购物？去那里购物有什么特别之处吗？

A2:和朋友一起去的,听说那边折扣很大,很多牌子内地没有卖的。

Q2:您在前往澳门八佰伴购物旅游节购物时是否已经有明确的采购目标？您为什么认为这些商品在澳门采购比较合适？

A2:大的方面有。八佰伴的东西比较真。

Q3:您在完成了澳门的购物之旅后,觉得在澳门八佰伴购物旅游节进行购物划算吗？为什么？

A2:划算。达到预期目标了。

Q4:可否简单说说澳门在您心目中的形象？可否简单说说八佰伴这个购物商场在您心目中的形象？

A2:生活节奏慢,挺适合购物旅游的。商场也不错,工作人员素质很高,服务很到位。

Q5：您觉得在澳门八佰伴的购物旅游节进行购物有哪些收获？您是否会向家人或朋友分享在澳门八佰伴购物旅游节的购物经历？哪些经历或经验你最愿意分享？

A2：挺有收获的，买了很多东西。会推荐。主要还是多比较下。

Q6：未来您还会再次前往澳门购物吗？您还会再次参加澳门八佰伴购物旅游节吗？如果您再次前往购物，您有购物的计划吗？会叫上家人或朋友一道前往吗？

A2：要去，购物节看情况吧，主要时间太固定。没啥计划，和朋友一起去。

NY-A3

Q1：您为什么会专程前往澳门八佰伴的购物旅游节购物？去那里购物有什么特别之处吗？

A3：八佰伴那边东西比较多，很集中，基本上能买全。

Q2：您在前往澳门八佰伴购物旅游节购物时是否已经有明确的采购目标？您为什么认为这些商品在澳门采购比较合适？

A3：有啊，列了详细的单子！澳门比较便宜。

Q3：您在完成了澳门的购物之旅后，觉得在澳门八佰伴购物旅游节进行购物划算吗？为什么？

A3：划算啊，货真价实，物美价廉。

Q4：可否简单说说澳门在您心目中的形象？可否简单说说八佰伴这个购物商场在您心目中的形象？

A3：很好啊，花园城市。商场也不错。

Q5：您觉得在澳门八佰伴的购物旅游节进行购物有哪些收获？您是否会向家人或朋友分享在澳门八佰伴购物旅游节的购物经历？哪些经历或经验你最愿意分享？

A3：东西挺全，花了很多钱！会推荐啊。

Q6：未来您还会再次前往澳门购物吗？您还会再次参加澳门八佰伴购物旅游节吗？如果您再次前往购物，您有购物的计划吗？会叫上家人或朋友一道前往吗？

A3：去吧。购物节也去。计划没有。可能自己去。

NY-A4

Q1：您为什么会专程前往澳门八佰伴的购物旅游节购物？去那里购物有什么特别之处吗？

A4：八佰伴知名度很高啊，在手机上看到过它的广告。去那边购物也没啥特别的,就是感觉很有身份。

Q2:您在前往澳门八佰伴购物旅游节购物时是否已经有明确的采购目标?您为什么认为这些商品在澳门采购比较合适?

A4:没有啊,过去看看再说,要排队的,不一定能买到。

Q3:您在完成了澳门的购物之旅后,觉得在澳门八佰伴购物旅游节进行购物划算吗?为什么?

A4:划算,价格比内地便宜很多。

Q4:可否简单说说澳门在您心目中的形象?可否简单说说八佰伴这个购物商场在您心目中的形象?

A4:还行吧,赌城嘛。商场挺好的,比内地要有人气。

Q5:您觉得在澳门八佰伴的购物旅游节进行购物有哪些收获?您是否会向家人或朋友分享在澳门八佰伴购物旅游节的购物经历?哪些经历或经验你最愿意分享?

A4:很不错的购物经历,肯定要推荐的,主要还是怎么快速排队的经历。

Q6:未来您还会再次前往澳门购物吗?您还会再次参加澳门八佰伴购物旅游节吗?如果您再次前往购物,您有购物的计划吗?会叫上家人或朋友一道前往吗?

A4:要去的。有计划了。打算和家人一起去。

NY-A5

Q1:您为什么会专程前往澳门八佰伴的购物旅游节购物?去那里购物有什么特别之处吗?

A5:我是那边的会员,有很多大的折扣。

Q2:您在前往澳门八佰伴购物旅游节购物时是否已经有明确的采购目标?您为什么认为这些商品在澳门采购比较合适?

A5:这里的东西集中,一下可以买全,没有采购目标的。

Q3:您在完成了澳门的购物之旅后,觉得在澳门八佰伴购物旅游节进行购物划算吗?为什么?

A5:价格划算,排很长时间队觉得浪费时间。

Q4:可否简单说说澳门在您心目中的形象?可否简单说说八佰伴这个购物商场在您心目中的形象?

A5:还行吧,挺干净的,看见好多义工。商场很干净,店里都一尘不染。

Q5:您觉得在澳门八佰伴的购物旅游节进行购物有哪些收获?您是否会向家人或朋友分享在澳门八佰伴购物旅游节的购物经历?哪些经历或经验你最愿

意分享？

A5：收获很大的，买了很多东西。要推荐的，排队很长时间，要有技巧才行。

Q6：未来您还会再次前往澳门购物吗？您还会再次参加澳门八佰伴购物旅游节吗？如果您再次前往购物，您有购物的计划吗？会叫上家人或朋友一道前往吗？

A5：要去。有大的计划。可能自己去。

NY-A6

Q1：您为什么会专程前往澳门八佰伴的购物旅游节购物？去那里购物有什么特别之处吗？

A6：八佰伴那边东西比较真，很多内地有买不到，去那边购物朋友挺羡慕的。

Q2：您在前往澳门八佰伴购物旅游节购物时是否已经有明确的采购目标？您为什么认为这些商品在澳门采购比较合适？

A6：有啊，主要去买化妆品，这边比香港便宜很多。

Q3：您在完成了澳门的购物之旅后，觉得在澳门八佰伴购物旅游节进行购物划算吗？为什么？

A6：总体还是划算的。

Q4：可否简单说说澳门在您心目中的形象？可否简单说说八佰伴这个购物商场在您心目中的形象？

A6：市民很开放，对外地游客很友好。商场服务比较专业，比很多城市好很多。

Q5：您觉得在澳门八佰伴的购物旅游节进行购物有哪些收获？您是否会向家人或朋友分享在澳门八佰伴购物旅游节的购物经历？哪些经历或经验你最愿意分享？

A6：货真价实，有收获的。要推荐。

Q6：未来您还会再次前往澳门购物吗？您还会再次参加澳门八佰伴购物旅游节吗？如果您再次前往购物，您有购物的计划吗？会叫上家人或朋友一道前往吗？

A6：看情况吧，主要还是时间。不一定，可能和朋友去吧。

NY-A7

Q1：您为什么会专程前往澳门八佰伴的购物旅游节购物？去那里购物有什么特别之处吗？

A7：是啊，我是专门过来的，优惠力度大。

Q2：您在前往澳门八佰伴购物旅游节购物时是否已经有明确的采购目标？您为什么认为这些商品在澳门采购比较合适？

A7：没有啊，过去再看，那边东西很全。

Q3：您在完成了澳门的购物之旅后，觉得在澳门八佰伴购物旅游节进行购物划算吗？为什么？

A7：不划算，太贵了，那么多人，以后估计不来了。

Q4：可否简单说说澳门在您心目中的形象？可否简单说说八佰伴这个购物商场在您心目中的形象？

A7：城市不错，小而精。商场人挺多，很拥挤。

Q5：您觉得在澳门八佰伴的购物旅游节进行购物有哪些收获？您是否会向家人或朋友分享在澳门八佰伴购物旅游节的购物经历？哪些经历或经验你最愿意分享？

A7：没啥收获，不推荐。

Q6：未来您还会再次前往澳门购物吗？您还会再次参加澳门八佰伴购物旅游节吗？如果您再次前往购物，您有购物的计划吗？会叫上家人或朋友一道前往吗？

A7：不打算去了。

NY-A8

Q1：您为什么会专程前往澳门八佰伴的购物旅游节购物？去那里购物有什么特别之处吗？

A8：东西真啊，货真价实，澳门那边政府做的很好，卖假货罚款很厉害。

Q2：您在前往澳门八佰伴购物旅游节购物时是否已经有明确的采购目标？您为什么认为这些商品在澳门采购比较合适？

A8：澳门那边的价格比较低，有些东西内地又没有，就过去看看。

Q3：您在完成了澳门的购物之旅后，觉得在澳门八佰伴购物旅游节进行购物划算吗？为什么？

A8：划算的，就是人太多了，每年能多几次就好了。

Q4：可否简单说说澳门在您心目中的形象？可否简单说说八佰伴这个购物商场在您心目中的形象？

A8：挺好的，交通很方便，吃饭不方便。商场不错，很大。

Q5：您觉得在澳门八佰伴的购物旅游节进行购物有哪些收获？您是否会向家人或朋友分享在澳门八佰伴购物旅游节的购物经历？哪些经历或经验你最愿意分享？

A8：有收获，买了一些东西，内地买不到的。推荐吧。主要还是要做好计划。

Q6：未来您还会再次前往澳门购物吗？您还会再次参加澳门八佰伴购物旅游节吗？如果您再次前往购物，您有购物的计划吗？会叫上家人或朋友一道前往吗？

A8：要去啊，做好计划，和朋友一起去。

NY-A9

Q1：您为什么会专程前往澳门八佰伴的购物旅游节购物？去那里购物有什么特别之处吗？

A9：八佰伴的东西比较丰富，很多东西可以在此行买到。

Q2：您在前往澳门八佰伴购物旅游节购物时是否已经有明确的采购目标？您为什么认为这些商品在澳门采购比较合适？

A9：没有采购目标的。

Q3：您在完成了澳门的购物之旅后，觉得在澳门八佰伴购物旅游节进行购物划算吗？为什么？

A9：划算啊，商场很有档次，服务热情。

Q4：可否简单说说澳门在您心目中的形象？可否简单说说八佰伴这个购物商场在您心目中的形象？

A9：澳门赌城形象啊，这个都知道。商场不错，虽然没有内地一些购物商场大，管理做得很好，很有秩序。

Q5：您觉得在澳门八佰伴的购物旅游节进行购物有哪些收获？您是否会向家人或朋友分享在澳门八佰伴购物旅游节的购物经历？哪些经历或经验你最愿意分享？

A9：有收获，商场很诚信。推荐。

Q6：未来您还会再次前往澳门购物吗？您还会再次参加澳门八佰伴购物旅游节吗？如果您再次前往购物，您有购物的计划吗？会叫上家人或朋友一道前往吗？

A9：看情况，不好说。

NY-A10

Q1：您为什么会专程前往澳门八佰伴的购物旅游节购物？去那里购物有什么特别之处吗？

A10：通行证快到期了，赶上购物节，来买点东西。

Q2：您在前往澳门八佰伴购物旅游节购物时是否已经有明确的采购目标？

您为什么认为这些商品在澳门采购比较合适？

A10：以前去香港，后来发现澳门的更划算，就来这边了。

Q3：您在完成了澳门的购物之旅后，觉得在澳门八佰伴购物旅游节进行购物划算吗？为什么？

A10：不太划算，东西还是有点贵。

Q4：可否简单说说澳门在您心目中的形象？可否简单说说八佰伴这个购物商场在您心目中的形象？

A10：还行吧。

Q5：您觉得在澳门八佰伴的购物旅游节进行购物有哪些收获？您是否会向家人或朋友分享在澳门八佰伴购物旅游节的购物经历？哪些经历或经验你最愿意分享？

A10：没啥收获，挺贵的。不打算推荐。

Q6：未来您还会再次前往澳门购物吗？您还会再次参加澳门八佰伴购物旅游节吗？如果您再次前往购物，您有购物的计划吗？会叫上家人或朋友一道前往吗？

A10：不去。

NY-A11

Q1：您为什么会专程前往澳门八佰伴的购物旅游节购物？去那里购物有什么特别之处吗？

A11：很早就知道购物节要开了，没有都来。

Q2：您在前往澳门八佰伴购物旅游节购物时是否已经有明确的采购目标？您为什么认为这些商品在澳门采购比较合适？

A11：没啥计划，主要还是这边东西全。

Q3：您在完成了澳门的购物之旅后，觉得在澳门八佰伴购物旅游节进行购物划算吗？为什么？

A11：划算啊，东西这么全。

Q4：可否简单说说澳门在您心目中的形象？可否简单说说八佰伴这个购物商场在您心目中的形象？

A11：挺好的，有亲切感。

Q5：您觉得在澳门八佰伴的购物旅游节进行购物有哪些收获？您是否会向家人或朋友分享在澳门八佰伴购物旅游节的购物经历？哪些经历或经验你最愿意分享？

A11：收获很大，基本上买到想要的东西了。

Q6：未来您还会再次前往澳门购物吗？您还会再次参加澳门八佰伴购物旅游节吗？如果您再次前往购物，您有购物的计划吗？会叫上家人或朋友一道前往吗？

A11：看情况吧，不一定。

NY-A12

Q1：您为什么会专程前往澳门八佰伴的购物旅游节购物？去那里购物有什么特别之处吗？

A12：澳门的很多东西便宜很多，出国太麻烦，就来这里了。

Q2：您在前往澳门八佰伴购物旅游节购物时是否已经有明确的采购目标？您为什么认为这些商品在澳门采购比较合适？

A12：有大致计划，那边东西很贵，去了再看吧。

Q3：您在完成了澳门的购物之旅后，觉得在澳门八佰伴购物旅游节进行购物划算吗？为什么？

A12：划算，东西不错，以后常来。

Q4：可否简单说说澳门在您心目中的形象？可否简单说说八佰伴这个购物商场在您心目中的形象？

A12：很多游客，整体感觉不错。

Q5：您觉得在澳门八佰伴的购物旅游节进行购物有哪些收获？您是否会向家人或朋友分享在澳门八佰伴购物旅游节的购物经历？哪些经历或经验你最愿意分享？

A12：有收获，满足了购物欲望！要推荐的，打算明年还要来。

Q6：未来您还会再次前往澳门购物吗？您还会再次参加澳门八佰伴购物旅游节吗？如果您再次前往购物，您有购物的计划吗？会叫上家人或朋友一道前往吗？

A12：不好说，可能自己会去，计划就没有了。

NY-A13

Q1：您为什么会专程前往澳门八佰伴的购物旅游节购物？去那里购物有什么特别之处吗？

A13：朋友推荐的啊，说这边东西好便宜。

Q2：您在前往澳门八佰伴购物旅游节购物时是否已经有明确的采购目标？您为什么认为这些商品在澳门采购比较合适？

A13：没有。比内地全，很多进口的东西。

Q3：您在完成了澳门的购物之旅后，觉得在澳门八佰伴购物旅游节进行购物划算吗？为什么？

A13：划算啊，牌子全，一下可以买到很多。

Q4：可否简单说说澳门在您心目中的形象？可否简单说说八佰伴这个购物商场在您心目中的形象？

A13：商场挺好的，好像没听说这里有卖假货的。

Q5：您觉得在澳门八佰伴的购物旅游节进行购物有哪些收获？您是否会向家人或朋友分享在澳门八佰伴购物旅游节的购物经历？哪些经历或经验你最愿意分享？

A13：很有收获，买到了名牌商品。要推荐。

Q6：未来您还会再次前往澳门购物吗？您还会再次参加澳门八佰伴购物旅游节吗？如果您再次前往购物，您有购物的计划吗？会叫上家人或朋友一道前往吗？

A13：挺好的购物节，一定要去。没啥计划，和朋友一起去吧。

NY-A14

Q1：您为什么会专程前往澳门八佰伴的购物旅游节购物？去那里购物有什么特别之处吗？

A14：广东这边去澳门、香港都很方便，比出国方便。

Q2：您在前往澳门八佰伴购物旅游节购物时是否已经有明确的采购目标？您为什么认为这些商品在澳门采购比较合适？

A14：有个目标。澳门比较方便，当天就返回了。

Q3：您在完成了澳门的购物之旅后，觉得在澳门八佰伴购物旅游节进行购物划算吗？为什么？

A14：不划算，排队太累了。

Q4：可否简单说说澳门在您心目中的形象？可否简单说说八佰伴这个购物商场在您心目中的形象？

A14：还好吧。

Q5：您觉得在澳门八佰伴的购物旅游节进行购物有哪些收获？您是否会向家人或朋友分享在澳门八佰伴购物旅游节的购物经历？哪些经历或经验你最愿意分享？

A14：没啥收获，没买到什么东西。不打算推荐了。

Q6：未来您还会再次前往澳门购物吗？您还会再次参加澳门八佰伴购物旅游节吗？如果您再次前往购物，您有购物的计划吗？会叫上家人或朋友一道前往吗？

A14：看情况吧，应该不去了。

NY-A15

Q1：您为什么会专程前往澳门八佰伴的购物旅游节购物？去那里购物有什么特别之处吗？

A15：购物节很多年了，去那边买东西比较放心。

Q2：您在前往澳门八佰伴购物旅游节购物时是否已经有明确的采购目标？您为什么认为这些商品在澳门采购比较合适？

A15：没有啊。一直在这边买，东西质量有保障。

Q3：您在完成了澳门的购物之旅后，觉得在澳门八佰伴购物旅游节进行购物划算吗？为什么？

A15：划算，价格比内地便宜。

Q4：可否简单说说澳门在您心目中的形象？可否简单说说八佰伴这个购物商场在您心目中的形象？

A15：都挺好的，商场不大，东西却很全。

Q5：您觉得在澳门八佰伴的购物旅游节进行购物有哪些收获？您是否会向家人或朋友分享在澳门八佰伴购物旅游节的购物经历？哪些经历或经验你最愿意分享？

A15：有收获。要推荐的。

Q6：未来您还会再次前往澳门购物吗？您还会再次参加澳门八佰伴购物旅游节吗？如果您再次前往购物，您有购物的计划吗？会叫上家人或朋友一道前往吗？

A15：应该去，时间合适就参加购物节，暂时没有计划，临行前估计会做，和家人一起吧。

NY-B1

Q1：您为什么会专程前往澳门八佰伴的购物旅游节购物？去那里购物有什么特别之处吗？

B1：因为八佰伴名气很大啊，购物节的时候超便宜。

Q2：您在前往澳门八佰伴购物旅游节购物时是否已经有明确的采购目标？您为什么认为这些商品在澳门采购比较合适？

B1：没有，过去再说。很多内地没有卖的。

Q3：您在完成了澳门的购物之旅后，觉得在澳门八佰伴购物旅游节进行购物划算吗？为什么？

B1：划算。

Q4:可否简单说说澳门在您心目中的形象?可否简单说说八佰伴这个购物商场在您心目中的形象?

B1:挺好的,干净整洁,交通挺方便,不堵车。

Q5:您觉得在澳门八佰伴的购物旅游节进行购物有哪些收获?您是否会向家人或朋友分享在澳门八佰伴购物旅游节的购物经历?哪些经历或经验你最愿意分享?

B1:收获很多。推荐啊。

Q6:未来您还会再次前往澳门购物吗?您还会再次参加澳门八佰伴购物旅游节吗?如果您再次前往购物,您有购物的计划吗?会叫上家人或朋友一道前往吗?

B1:要去,计划没想。应该会自己去吧,不一定。

NY-B2

Q1:您为什么会专程前往澳门八佰伴的购物旅游节购物?去那里购物有什么特别之处吗?

B2:知名度高啊,举办很多年了。

Q2:您在前往澳门八佰伴购物旅游节购物时是否已经有明确的采购目标?您为什么认为这些商品在澳门采购比较合适?

B2:没有想具体牌子,大的种类还是计划了下。来这边买东西方便啊。

Q3:您在完成了澳门的购物之旅后,觉得在澳门八佰伴购物旅游节进行购物划算吗?为什么?

B2:划算啊,以前在香港买,觉得澳门便宜很多,以后要多来这边。

Q4:可否简单说说澳门在您心目中的形象?可否简单说说八佰伴这个购物商场在您心目中的形象?

B2:太小了,很拥挤,过关的时候人很多。商场不错,东西全,人很多。

Q5:您觉得在澳门八佰伴的购物旅游节进行购物有哪些收获?您是否会向家人或朋友分享在澳门八佰伴购物旅游节的购物经历?哪些经历或经验你最愿意分享?

B2:收获很大,折扣力度很大。要推荐。

Q6:未来您还会再次前往澳门购物吗?您还会再次参加澳门八佰伴购物旅游节吗?如果您再次前往购物,您有购物的计划吗?会叫上家人或朋友一道前往吗?

B2:都要去。没计划。自己去。

NY-B3

Q1:您为什么会专程前往澳门八佰伴的购物旅游节购物?去那里购物有什

么特别之处吗？

B3：有假期，听朋友说有购物节，就过来看看。

Q2：您在前往澳门八佰伴购物旅游节购物时是否已经有明确的采购目标？您为什么认为这些商品在澳门采购比较合适？

B3：有啊，买很多东西的。

Q3：您在完成了澳门的购物之旅后，觉得在澳门八佰伴购物旅游节进行购物划算吗？为什么？

B3：挺划算的，质量放心，都是国际大牌子。

Q4：可否简单说说澳门在您心目中的形象？可否简单说说八佰伴这个购物商场在您心目中的形象？

B3：城市挺好的，当地居民很开放。商场不错，很多国际品牌入驻。

Q5：您觉得在澳门八佰伴的购物旅游节进行购物有哪些收获？您是否会向家人或朋友分享在澳门八佰伴购物旅游节的购物经历？哪些经历或经验你最愿意分享？

B3：挺好的，很有收获。一定要推荐。

Q6：未来您还会再次前往澳门购物吗？您还会再次参加澳门八佰伴购物旅游节吗？如果您再次前往购物，您有购物的计划吗？会叫上家人或朋友一道前往吗？

B3：去吧，购物节挺好的，计划没有，自己去吧。

NY-B4

Q1：您为什么会专程前往澳门八佰伴的购物旅游节购物？去那里购物有什么特别之处吗？

B4：陪女朋友来的，她每年都来两次，买很多化妆品，比内地实惠很多。

Q2：您在前往澳门八佰伴购物旅游节购物时是否已经有明确的采购目标？您为什么认为这些商品在澳门采购比较合适？

B4：没有目标啊。

Q3：您在完成了澳门的购物之旅后，觉得在澳门八佰伴购物旅游节进行购物划算吗？为什么？

B4：划算，女朋友很满意。

Q4：可否简单说说澳门在您心目中的形象？可否简单说说八佰伴这个购物商场在您心目中的形象？

B4：澳门挺好的，很精致。商场挺讲诚信，退货很快。

Q5：您觉得在澳门八佰伴的购物旅游节进行购物有哪些收获？您是否会向

家人或朋友分享在澳门八佰伴购物旅游节的购物经历？哪些经历或经验你最愿意分享？

B4：有收获，女朋友很开心。要推荐的，经验就是要带够足够钞票！

Q6：未来您还会再次前往澳门购物吗？您还会再次参加澳门八佰伴购物旅游节吗？如果您再次前往购物，您有购物的计划吗？会叫上家人或朋友一道前往吗？

B4：看情况吧，有时间就去。会和朋友一起。

NY-B5

Q1：您为什么会专程前往澳门八佰伴的购物旅游节购物？去那里购物有什么特别之处吗？

B5：那边好像免税吧，很多国外的牌子。

Q2：您在前往澳门八佰伴购物旅游节购物时是否已经有明确的采购目标？您为什么认为这些商品在澳门采购比较合适？

B5：东西很好，买啥目标，过去看看吧。

Q3：您在完成了澳门的购物之旅后，觉得在澳门八佰伴购物旅游节进行购物划算吗？为什么？

B5：划算，质量好，比在内地买放心。

Q4：可否简单说说澳门在您心目中的形象？可否简单说说八佰伴这个购物商场在您心目中的形象？

B5：还好，形象都挺好的，没听说有啥负面消息。

Q5：您觉得在澳门八佰伴的购物旅游节进行购物有哪些收获？您是否会向家人或朋友分享在澳门八佰伴购物旅游节的购物经历？哪些经历或经验你最愿意分享？

B5：收获很大，买了很多东西。推荐啊。主要经验就是要做好计划。

Q6：未来您还会再次前往澳门购物吗？您还会再次参加澳门八佰伴购物旅游节吗？如果您再次前往购物，您有购物的计划吗？会叫上家人或朋友一道前往吗？

B5：不好说，以后再说吧，要去的话可能和朋友一起。

附录2 "澳门新八佰伴购物旅游消费行为"调查问卷

尊敬的女士/先生：

您好！这是一份有关澳门新八佰伴购物旅游消费行为的学术研究问卷，目的是借此对购物旅游动机、感知价值和行为意向的相互关系进行研究。

本调查采用不记名方式，希望您根据真实情况如实填写，以保证信息的准确有效性。调查结果只作为学术研究用途，您填写的所有信息将会严格保密。回答本问卷不需要专业知识，所有问题都可以通过在您同意的等级处画√来完成。问卷中，1—7分别代表"非常不同意、不同意、比较不同意、无所谓、比较同意、同意、非常同意"，完成本问卷不超过15分钟，感谢您的帮助与配合！

联系人：×××

联系方式：×××××××@sina.com

2019年11月

目的地形象（Tourist Destination Image, TDI）

来澳门新八佰伴购物旅游节消费，主要是因为：

A1. 澳门有良好的交通、休闲娱乐等基础设施。	非常不同意 1　2　3　4　5　6　7 非常同意
A2. 澳门有良好的住宿设施，是一个非常安全的城市。	非常不同意 1　2　3　4　5　6　7 非常同意
A3. 澳门有很多购物商场，购物信息很容易获取。	非常不同意 1　2　3　4　5　6　7 非常同意
A4. 同其他地方比较，当地人更加欢迎外地游客、对待外地游客更加友好。	非常不同意 1　2　3　4　5　6　7 非常同意
A5. 访问澳门签注容易获得，赴澳门旅游在边检口岸入境程序高效顺畅。	非常不同意 1　2　3　4　5　6　7 非常同意
A6. 令人愉快。	非常不同意 1　2　3　4　5　6　7 非常同意
A7. 令人精神振奋。	非常不同意 1　2　3　4　5　6　7 非常同意

续表

A8.令人松弛。	非常不同意 1 2 3 4 5 6 7 非常同意
A9.令人激动兴奋。	非常不同意 1 2 3 4 5 6 7 非常同意

备注:1—7分别代表"非常不同意、不同意、比较不同意、无所谓、比较同意、同意、非常同意"。

目的地信任(Tourist Destination Trust,SDT)

来澳门新八佰伴购物旅游节消费,主要是因为:

B1.澳门零售商的行为符合我的最大利益。	非常不同意 1 2 3 4 5 6 7 非常同意
B2.如果我需要帮助,澳门零售商尽力帮助我。	非常不同意 1 2 3 4 5 6 7 非常同意
B3.澳门零售商很关心我的满足和幸福。	非常不同意 1 2 3 4 5 6 7 非常同意
B4.澳门提供的购物环境与广告宣传的环境一致。	非常不同意 1 2 3 4 5 6 7 非常同意
B5.澳门的零售店雇员在与游客打交道时是诚实的。	非常不同意 1 2 3 4 5 6 7 非常同意
B6.澳门的零售商店雇员素质很高。	非常不同意 1 2 3 4 5 6 7 非常同意
B7.澳门是购物之旅的最佳目的地。	非常不同意 1 2 3 4 5 6 7 非常同意
B8.澳门的购物环境比其他目的地更好。	非常不同意 1 2 3 4 5 6 7 非常同意
B9.澳门比其他购物目的地更能满足我的购物需求。	非常不同意 1 2 3 4 5 6 7 非常同意
B10.当我去澳门购物时,我知道该怎么做。	非常不同意 1 2 3 4 5 6 7 非常同意
B11.我总能正确预测澳门作为购物目的地的地位。	非常不同意 1 2 3 4 5 6 7 非常同意
B12.澳门提供了一个稳定地购物环境。	非常不同意 1 2 3 4 5 6 7 非常同意
B13.澳门作为购物的目的地有很好的声誉。	非常不同意 1 2 3 4 5 6 7 非常同意
B14.其他人告诉我,澳门是一个购物之旅的可靠地方。	非常不同意 1 2 3 4 5 6 7 非常同意
B15.澳门是一个方便购物的目的地。	非常不同意 1 2 3 4 5 6 7 非常同意

备注:1—7分别代表"非常不同意、不同意、比较不同意、无所谓、比较同意、同意、非常同意"。

企业品牌认同（Brand Identification，BDI）

来澳门新八佰伴购物旅游节消费，主要是因为新八佰伴品牌：

C1. 符合我认同的消费价值观。	非常不同意 1　2　3　4　5　6　7 非常同意
C2. 符合我认同的生活方式。	非常不同意 1　2　3　4　5　6　7 非常同意
C3. 个性形象与我的个性形象相吻合。	非常不同意 1　2　3　4　5　6　7 非常同意
C4. 能够展现我的社会地位。	非常不同意 1　2　3　4　5　6　7 非常同意
C5. 能够使我赢得他人的尊重。	非常不同意 1　2　3　4　5　6　7 非常同意
C6. 能够帮助我同不一样类别的人区分开来。	非常不同意 1　2　3　4　5　6　7 非常同意

备注：1—7 分别代表"非常不同意、不同意、比较不同意、无所谓、比较同意、同意、非常同意"。

感知促销利益（Perceived Promotional Benefit，PPB）

来澳门新八佰伴购物旅游节消费，主要是因为商家的促销：

D1. 让我觉得很省钱。	非常不同意 1　2　3　4　5　6　7 非常同意
D2. 让我觉得以同样甚至更低的价格获得了质量更高的产品。	非常不同意 1　2　3　4　5　6　7 非常同意
D3. 能让我更好地做好购物计划，使购物变得简单快捷。	非常不同意 1　2　3　4　5　6　7 非常同意
D4. 使我觉得如果来购物旅游节消费，表明我是个聪明的购物者。	非常不同意 1　2　3　4　5　6　7 非常同意
D5. 可以使我尝试购买新的品牌产品。	非常不同意 1　2　3　4　5　6　7 非常同意
D6. 让我很开心。	非常不同意 1　2　3　4　5　6　7 非常同意

备注：1—7 分别代表"非常不同意、不同意、比较不同意、无所谓、比较同意、同意、非常同意"。

购物旅游动机（Shopping Tourism Motivation，STM）

来澳门新八佰伴购物旅游节消费，主要是因为它能使我：

E1. 忘记日复一日的焦虑。	非常不同意 1　2　3　4　5　6　7 非常同意
E2. 恢复精神。	非常不同意 1　2　3　4　5　6　7 非常同意
E3. 向朋友倾诉烦恼。	非常不同意 1　2　3　4　5　6　7 非常同意
E4. 逃避日常生活。	非常不同意 1　2　3　4　5　6　7 非常同意
E5. 玩得开心。	非常不同意 1　2　3　4　5　6　7 非常同意
E6. 充满活力。	非常不同意 1　2　3　4　5　6　7 非常同意

续表

E7.朋友邀请一起去,享受融入集体的快乐。	非常不同意 1　2　3　4　5　6　7 非常同意
E8.观察陌生人。	非常不同意 1　2　3　4　5　6　7 非常同意
E9.看清楚自身所处的社会阶层。	非常不同意 1　2　3　4　5　6　7 非常同意
E10.发现金钱的价值。	非常不同意 1　2　3　4　5　6　7 非常同意
E11.找到我需要的各种商品,商品种类丰富。	非常不同意 1　2　3　4　5　6　7 非常同意
E12.来看看正在考虑购买的商品。	非常不同意 1　2　3　4　5　6　7 非常同意
E13.更省钱划算,便宜很多。	非常不同意 1　2　3　4　5　6　7 非常同意
E14.有很多闲暇时间去购物。	非常不同意 1　2　3　4　5　6　7 非常同意

备注:1—7分别代表"非常不同意、不同意、比较不同意、无所谓、比较同意、同意、非常同意"。

购物旅游感知价值(Shopping Tourism Perceived Value,STPV)

来澳门新八佰伴购物旅游节消费后,您感觉:

F1.心情愉快,尽情享受购物乐趣。	非常不同意 1　2　3　4　5　6　7 非常同意
F2.增进与亲人、朋友的感情。	非常不同意 1　2　3　4　5　6　7 非常同意
F3.释放压力,获得心理上的舒畅感。	非常不同意 1　2　3　4　5　6　7 非常同意
F4.有很大的获得感。	非常不同意 1　2　3　4　5　6　7 非常同意
F5.感到被同龄人接受。	非常不同意 1　2　3　4　5　6　7 非常同意
F6.结识其他一起参加活动的新朋友。	非常不同意 1　2　3　4　5　6　7 非常同意
F7.与当地人互动,融入当地环境。	非常不同意 1　2　3　4　5　6　7 非常同意
F8.相对于路上所花的时间,购物旅游节是一项很值得参加的活动。	非常不同意 1　2　3　4　5　6　7 非常同意
F9.相对于所花费的金钱,购物旅游节是很值得参加的活动。	非常不同意 1　2　3　4　5　6　7 非常同意
F10.相对于其他节事活动,购物旅游节是很值得付出努力的活动。	非常不同意 1　2　3　4　5　6　7 非常同意
F11.便利获取购物时尚信息。	非常不同意 1　2　3　4　5　6　7 非常同意
F12.享受商场工作人员的良好服务。	非常不同意 1　2　3　4　5　6　7 非常同意
F13.体验安全有序的现场秩序。	非常不同意 1　2　3　4　5　6　7 非常同意

备注:1—7分别代表"非常不同意、不同意、比较不同意、无所谓、比较同意、同意、非常同意"。

行为意向（Behavioral Intention, BI）

对于澳门新八佰伴购物旅游节，您认为：

G1.以后还会来购物旅游节。	非常不同意 1 2 3 4 5 6 7 非常同意	
G2.会增加来购物旅游节的次数。	非常不同意 1 2 3 4 5 6 7 非常同意	
G3.愿意花更多的钱，来购物旅游节消费。	非常不同意 1 2 3 4 5 6 7 非常同意	
G4.愿意在他人前称赞该购物旅游节。	非常不同意 1 2 3 4 5 6 7 非常同意	
G5.愿意与他人分享购物旅游经验。	非常不同意 1 2 3 4 5 6 7 非常同意	
G6.愿意推荐他人来购物旅游节。	非常不同意 1 2 3 4 5 6 7 非常同意	

备注：1—7分别代表"非常不同意、不同意、比较不同意、无所谓、比较同意、同意、非常同意"。

受访者基本资料

1. 您的性别？
    A. 男   B. 女
2. 您的年龄？
    A. 18～44岁   B. 45～59岁   C. 60岁及以上
3. 您的婚姻状况？
    A. 已婚   B. 未婚   C. 其他
4. 您的受教育程度？
    A. 初中及以下   B. 高中   C. 大专
    D. 本科   E. 研究生及以上
5. 您现在的职业属于以下哪种类型？
    A. 企业人员   B 公职人员   C. 学生
    D. 个体工商户   E. 其他
6. 您的个人月平均收入？（单位：澳门元，兑换人民币1∶0.85）
    A. 1000及以下   B. 1001～2999   C. 3000～4999
    D. 5000～6999   E. 7000～9999   F. 1万及以上
7. 您在澳门新八佰伴购物旅游节的消费支出？（单位：澳门元，兑换人民币1∶0.85）
    A. 1000及以下   B. 1001～2999   C. 3000～4999
    D. 5000～6999   E. 7000～9999   F. 1万及以上
8. 您的常住城市是？
    A. 粤港澳大湾区城市   B. 其他城市_____。

后 记

终于,《购物旅游者消费行为研究:基于霍华德-谢思消费行为理论》即将出版。

本专著可以说是一次历时近五年的研究及写作历程,自2022年9月底完成初稿后,又在2023年本着精益求精的态度历经数次修改,其间经历了疫情,虽然有很多困难,但最终我和李东先生成功地完成了这本书。在本专著即将出版之际,回顾研究历程,深感幸运,感慨和收获颇多。

本专著在研究及撰写过程中,得到了澳门新八佰伴商场、澳门特别行政区政府旅游局、珠海市旅游发展中心、青瞳(珠海)文化科技有限公司等单位大力支持,也得到了李玺教授、刘骏教授、叶桂平教授、高波博士、颜麒博士、王心博士、韦东庆博士以及钟国怀先生等专家学者的指导,在此我向他们表示衷心的感谢。同时也感谢家人的陪伴与支持。

本书能顺利出版得益于华中科技大学出版社的邀请,同时,本书还得到了胡弘扬、项薇等编辑的耐心帮助,在此一并感谢。本书作为一本研究现代旅游学"吃、住、行、游、购、娱"传统六要素中购物旅游消费行为的学术专著,在理论框架和研究方法方面进行了一些新的尝试,希望得到旅游专家、广大购物旅游从业人员的指导,对存在的不足请多批评指正。同时,也希望本书能给未来该领域的研究人员提供参考借鉴,共同推动购物旅游产业高质量发展。

是为记。

2023年菊月于澳门